阅读柏拉图

刘小枫 主编

Ἱππίας

希琵阿斯

[古希腊] 柏拉图 著
王江涛 译注

华夏出版社
HUAXIA PUBLISHING HOUSE

"阅读柏拉图"出版说明

为了顾及不同层次的读者,中古伊斯兰哲人阿威罗伊(1126—1198,宋靖康元年至宋庆元四年)为柏拉图作品做注疏时,采用短篇、中篇和长篇三种样式。阿威罗伊很可能考虑到,即便喜欢柏拉图作品的读者,心性也多种多样,精神爱好各有不同。

即便在今天,一般读者仍然喜欢注释不多的柏拉图译本,否则会觉得有损阅读时的畅快。少数读者喜欢带长篇笺注的译本,考订语词和辨析文句越琐细越觉得过瘾。柏拉图的《克莱托普丰》原文不足万字,有位英国学者作笺注成书后竟然有近500页。

自有柏拉图书,借用我国古人的说法,可谓"天地已洩其秘,而浑穆醇庞之气,人日由其中而不知是道寄于人,而学寄于天"。直到今天,柏拉图书基本上仍囿于学院深宫,向学者不敢也难以问津。

其实，前人幼入家塾即接触圣贤心脉，若今高中生也能读到柏拉图书，无论见浅见深识小识大，也莫不有灵魂之辨行乎其间。

有鉴于此，受阿威罗伊中篇注疏启发，本系列以柏拉图中篇和短篇作品为主，长制作品（《王制》和《法义》）则选取其中相对独立的篇章，为广大读者提供便携便览的柏拉图读本。译者注释以疏通对话脉络为要，即便对人名、地名、典故及特别语词下注，也尽量娓娓道来，力戒繁琐枯燥。译注尤其着力解析对话进程中的机关暗道，提示修辞上的弦外之音，与读者一同深入文本肌理，体味柏拉图笔法之精妙，而中所自得，识见之偏全，则不必强之使同。

柏拉图作品的场景和内在情节至为重要，为有助读者深入理解，我们对作品划分章节，添加小节标题。每章之前，译者均给出简扼题解，以述场景或情节大要，必要时章末也衍生附释，以揭示情节突转或袅袅余音。凡此一律用仿宋体与正文区隔，以显经纬之别。

本系列中的译品均以 Burnet 编辑的柏拉图全集为底本，并参考现代西文译本移译。柏拉图作品虽无不是在讨论极为严肃的人世问题，言辞却非常贴近日常，翻译时棘手之处比比皆是。要为诸多省略句式和语气小品词找到恰切的中文表达固已困难，而当遇到某个语词或说法（短语）有多种义项或一语双关时，要准确选择义项或保持一种译法更不容易。译文为补足语气或文意（针对口语中的省略）添加的语词，一律加方括号[ ]；遇多义项语词或短语需要提示选择性译法时亦然。

　　柏拉图作品最为基本的教育作用是让我们的头脑变得明智清晰，对自己的灵魂样式尽可能多些了解，进而对人世政治亘古不变的复杂性也尽可能多些认识。至于是否像苏格拉底那样有向往高贵、追求纯然不杂的美的爱欲，则由各人的命相精灵掌管。

　　以往的柏拉图研究以及教科书上的柏拉图介绍，往往把读者引向各种形而上学教条。若从对话情节入手，关注文学形式下的思想脉络，我们不难看到，柏拉图笔下的苏格拉底最看重教人如何分辨好坏对错、高尚与卑劣、正义与不义、明智与偏执。面对纷乱的社会歧见处境，期盼柏拉图作品滋育我们养成慎思明辨的习性，不为众言淆惑，不受偏见拘滞，是为"阅读柏拉图"系列的设计初衷。

刘小枫

2019 年 12 月

古典文明研究工作坊

目 录

编译说明 / 1

希琵阿斯前篇

第一场　远离政治？/ 3

　　　　智慧的标志在于赚钱 / 3

　　　　分文未赚的斯巴达之旅 / 20

幕间一　"第三者"登场 / 39

第二场　希琵阿斯论美 / 49

　　　　最美的少女在诸神面前也丑 / 49

　　　　挑战斐迪阿斯 / 62

　　　　美而隆重的葬礼 / 75

幕间二　"第三者"的提示 / 90

第三场　苏格拉底论美 / 102

　　　　美是善的父亲？/ 102

　　　　悦目与悦耳 / 121

　　　　一与二的离题话 / 137

　　　　美的二重性 / 149

尾　　声　美事艰难？ / 156

希琵阿斯后篇

开　　场　话题之父欧狄库斯 / 165

第一回合　最诡计多端的人 / 176

　　　　何谓"诡计多端"？ / 176

　　　　诡计多端者作为说谎者 / 183

　　　　说谎话者和说真话者是同一类人 / 196

第二回合　奥德修斯比阿喀琉斯更优秀 / 203

　　　　插曲一　从对话到演说 / 203

　　　　谁在模仿奥德修斯？ / 211

　　　　插曲二　乞援欧狄库斯 / 217

第三回合　有意犯错的人更优秀 / 224

尾　　声　如果真有其人 / 236

编译说明

人一辈子应该从事什么事业（epitēdeumata），才能过好这一生？

有人说应当追求智慧；也有人主张追求名利。谁提倡的生活更值得过？又应当以谁为师？要讲清楚其中的道理，恐非易事。

柏拉图的《希琵阿斯前篇》（*Hippias Meizōn*，旧译《大希庇阿斯篇》）与《希琵阿斯后篇》（*Hippias Elattōn*，旧译《小希庇阿斯篇》）围绕哲人苏格拉底与智术师希琵阿斯之间的两场对话，不仅正面回答了上述问题，更邀请我们深入思考：什么是"美的事业"，以及"美的事业"是否允许人说谎话。

《希琵阿斯前篇》始于苏格拉底的主动攀谈。一开始，他和希琵阿斯探讨了如何通过智慧赚钱，以及礼法如何阻碍智慧赚钱。希琵阿斯谈到他在斯巴达发表的一次演说：他在教育斯巴达的青年什么是"美的事业"，以及如何凭借这些事业获得名声。他对苏格拉底说，三天后，他会在雅典再次讲演这个题目，并邀请苏格拉底一同前往。这个话题使苏格拉底"回忆"起某人曾在"什么是美"的问题上驳得他哑口无言，他希望希琵阿斯能帮他解答这个小小的疑惑。于是，他们两人便开启了定义美的六次尝试。由此可见，这篇对话绝非现代意义上的美学作品。

《希琵阿斯后篇》恰好开始于那场演说之后，雅典青年欧狄库斯要求沉默的苏格拉底点评一下希琵阿斯刚才的演讲，苏格拉底被迫开口请教希琵阿斯：阿喀琉斯和奥德修斯，谁更优秀？之后，希琵阿斯代表阿喀琉斯，苏格拉底代表奥德修斯，两人展开了一场"谁是最优秀的阿开奥斯人"的言辞竞赛，话题涉及的却是"说谎"。两篇对话正好被关于美的事业的演说分开。这不禁令人好奇，苏格拉底与希琵阿斯希望传授给青年何种"美的事业"？更让人费解的是，论"美"与论"说谎"为何被柏拉图如此连接在一起。

苏格拉底与智术师的思想纠葛，一直是人们津津乐道的思想史公案，苏格拉底本人就曾被误认为是败坏青年的智术师而被判刑。混淆二者给热爱智慧的人们造成了不小的困扰——他们不知道谁提倡的生活才是真正值得过的生活。因此,重读柏拉图,对于分辨哲人与智术师极为必要。

本译稿根据 Joannes Burnet 的《柏拉图全集》(*Platonis Opera*)第三卷迻译,《希琵阿斯前篇》同时参考了 David Sider 的希腊文注疏本。参考英译本:Paul Woodruff, *Hippias Major: translated with commentary and essay*, Oxford, 1982; Thomas Pangle, *The Roots of Political Philosophy*, Ithaca and London: Cornell University Press, 1987; Joe Sachs, *Socrates and The Sophists*, Annapolis: St. John College, 2011。参考中译本《柏拉图文艺对话集》(朱光潜译,北京:人民文学出版社,2008)。译文各节小标题由译者自拟。

注释采编自 Sydenham 译本(Floyer Sydenham, *The Greater Hippias a dialogue of Plato concerning the Beautiful*, London, 1759; *The Lesser Hippias a dialogue of Plato concerning voluntary and involuntary error*, London, 1782)和 Woodruff 译本; Sweet 和 Leake 短疏(载于潘戈编,《政治哲学之根》,韩潮等译,北京:商务印书馆,2019),伯纳德特短疏(载于伯纳德特,《美之在》,柯常咏、李安琴译,上海:华东师

范大学出版社，2018），Smith 长疏（Bryan Smith, *The New Nobility：A Prolegomenon to Plato's Greater Hippias*, New York：Fordham University, 2009），Ludlam 长疏（Ivor Ludlam, *Hippias Major：An Interpretation*, Stuttgart：1991），Sweet 长疏（David Sweet, *Plato's Hippias Major：An Interpretation*, University of California Berkeley, 1975）；拙编《苏格拉底与希琵阿斯》，北京：华夏出版社，2015；拙作《美事艰难：柏拉图〈希琵阿斯前篇〉义疏》，上海：上海人民出版社，2018。

希琶阿斯前篇

第一场 远离政治?

智慧的标志在于赚钱

[题解]《希琵阿斯前篇》是唯一一篇记叙苏格拉底与智术师单独交谈的柏拉图对话。从开场来看,美并非二人最初关注的话题。苏格拉底主动称赞希琵阿斯的智慧,并承认聪明人的标志在于赚最多的钱。然而,这一论断却与古人鄙视金钱的作风背道而驰,从而引发智慧的"古今之争"。希琵阿斯认为,古人远离政治是由于缺乏审慎,故而比不过今人。苏格拉底一步一步揭示出,希琵阿斯的这种智慧观其实跟美有着错综复杂的内在联系……

苏格拉底 [281a] 希琵阿斯,[1] 一位才貌双全之士![2] 自从你上回莅临雅典,咱们好久未见了吧![3]

---

[1] 希琵阿斯(约公元前460-380年),古希腊最有影响力的智术师之一。柏拉图把他描绘成"杂之义广,无所不包"的杂家,尤其擅长修辞术和自然哲学(physikē)。苏格拉底刻意使用主格打招呼,没用更常见也更符合语法规则的呼格,显得希琵阿斯既是他谈论的对象,又是与他交谈的对话者。

[2] "才貌双全"直译为"美且智慧"。苏格拉底的夸奖化用了一句希腊俗语——"既美且好"(kalos kagathos)。后者通常用来形容传统意义上的贤人,即家境富裕、品德高尚的乡绅贵族,不需要出卖劳动来养活自己。希琵阿斯是新型知识人,显然不是传统意义上的贤人,苏格拉底用"智慧"取代"好",既符合希琵阿斯的智术师身份,又暗讽希琵阿斯不算传统意义上的好人。

[3] 苏格拉底主动跟希琵阿斯攀谈,显得有求于他。开篇首词"希琵阿斯"与结尾最后一词"明白"相呼应,合而观之,苏格拉底似乎打算从希琵阿斯那里学习关于美的道理。希琵阿斯上一次来雅典应该是在公元前429年,《普罗塔戈拉》记载了苏格拉底与希琵阿斯碰见的那次情形。考虑到《希琵阿斯前篇》的戏剧时间设定在公元前420年,苏希二人已有九年未见了。

希琵阿斯 因为没有闲暇啊，苏格拉底。[1] 因为，每当需要与某个城邦打交道时，厄利斯总是在她的城邦民中首先［a5］找到我，选我作信使，认为我最擅长评判和传达［281b］每一座城邦的言辞。[2]

故我屡次出使别的城邦，其中出使最频繁、事

---

[1] 城邦和个人都要追求闲暇，不可因日常生活所需而忙碌终身。如何安排大众的生活使之获得这样的闲暇，是政治家的难题，如何安顿自己的灵魂使之获得这样的闲暇，则是知识人的难题。

另外，"闲暇"构成区分苏格拉底与智术师的外在特征之一。智术师穿梭于各个城邦之间，公务私务应接不暇；苏格拉底则有大把时间逗留在市场上、体育场里，跟三教九流闲谈。

[2] 希琵阿斯是厄利斯人，厄利斯位于伯罗奔半岛半岛的西北部，著名的奥林波斯山就在厄利斯境内，是一座历史悠久的城邦。要想成为一名称职的信使，必须有能耐与言辞打交道。这种能耐在知识类型上属于修辞术。修辞术使得希琵阿斯在公私事务的方方面面都如鱼得水。本篇对话是演示体（performed dialogue），对话的背景、情节皆需从苏格拉底与希琵阿斯的对话中获取。

务最繁杂，也最重要的莫过于拉刻岱蒙。这也是为什么，正如你所问的，我不常来这边这些地方。[1]

---

[1] 拉刻岱蒙（Lakedaimona）是斯巴达的正式名称。希琵阿斯热衷于回答问题，《普罗塔戈拉》和《希琵阿斯后篇》都刻意描绘了他如何回答问题。职是之故，他把苏格拉底的问候理解为询问他"为什么好久不来雅典"。他一连用了两个"因为"，而且不忘在结尾补充一句"正如你所问的"——不来雅典是因为他没有闲暇。整个回答可谓滴水不漏。

其实，希琵阿斯不来雅典另有原因：在伯罗奔半岛战争期间，厄利斯是斯巴达联盟的一员，这意味着厄利斯跟雅典是敌对关系，肯定不便互相出使。公开出使肯定发生在和平时期，即"尼西阿斯和平"时期。据修昔底德记载（5.43-44），公元前420年晚春，阿尔喀比亚德发起了一场关键的外交会议，这一会议旨在联合厄利斯、阿尔戈斯、曼提尼亚和雅典，进而在伯罗奔半岛半岛孤立斯巴达。有理由设想，厄利斯派希琵阿斯来雅典就是为了完成这一重大使命。

整篇对话只字未提阿尔喀比亚德，柏拉图却将这位才貌双全的青年才俊置入对话的戏剧背景之中，耐人寻味，仿佛阿尔喀比亚德的帝国抱负也是思考美的重要经验。

第一场　远离政治？

苏　[b5] 这倒是，希琵阿斯，要成为一位智慧而又圆满的男子汉还真得如此。[1]因为你在个人方面，精于从年轻人那里获得许多钱财，[281c]而且你给予他们的帮助大于所得；在公共方面，你又精于为你自己的城邦效力，一个人若不想被看扁，想在众人中受欢迎，就必须如此。[2]

但是，希琵阿斯，到底是什么原因呢？那些古

1　"智慧而完满"常用来形容智术师，苏格拉底曾在《会饮》中如此形容第俄提玛（208c）。苏格拉底用"完满"取代"美"，暗示不管希琵阿斯在众人中有多受欢迎，他都显得不美。"智慧"之所以被保留下来，是因为希琵阿斯在公私事务方面都受欢迎，靠的是一种特殊智慧——修辞术。

2　智术师在当时因收费教学常被人诟病，苏格拉底的讲法看似在为希琵阿斯辩护，可他并未具体说明希琵阿斯在哪些方面帮助了年轻人。希琵阿斯闭口不谈自己的个人事务，旨在展示出一副积极献身公共事务的美好形象。苏格拉底把个人事务排在公共事务前面，因为智术师在同时代人眼中形象不佳，很大程度上跟他贩卖知识，只关心自己的私利有关。由此看来，积极参与公共事务显得像是掩饰其个人事务的美丽外衣。

人，［c5］据说在智慧方面大名鼎鼎，比如匹塔科斯和庇阿斯，米利都的泰勒斯那帮人，以及之后一直到阿那克萨戈拉的那群人，[1] 他们中的全部或大多数都显得远离政治事务？[2]

---

[1] 苏格拉底把古代智者分成三组：（1）七贤中的匹塔科斯和庇阿斯；（2）以泰勒斯为首的米利都学派；（3）阿那克萨戈拉及其门徒。注意苏格拉底只是说这些古人名气大，是否名副其实则另当别论。米利都学派被称为一个学派，无非是因为泰勒斯、阿那克西曼德和阿那克西美尼都在米利都活动，他们之间是否有师承关系，不得而知。不过，他们的学说倒是有明显的共同点：他们都认为世界万物背后有一个"一"作为本原，而且这本原是一种物质性的元素。克拉佐门奈的阿那克萨戈拉（约公元前500-428年），著名自然哲人。他首先将自然哲学传播到雅典，跟伯里克勒斯、欧里庇得斯和苏格拉底都有交情。苏格拉底在年轻时曾痴迷于他的心智学说，参见《斐多》97c以下。

[2] 实际上，苏格拉底提到的这三组古人并未真正远离政治事务：匹塔科斯和庇阿斯本来就是密提勒涅和普里耶涅的统治者；泰勒斯虽然是自然哲人，但他同样以实践的政治技艺闻名（希罗多德《原史》1.170）。更不用说阿那克萨戈拉——由于跟伯里克勒斯的私交，他多次卷入雅

希　你以为是什么,苏格拉底,无非是他们没本事,[281d] 无法用审慎,实现一般事务和个人事务,难道不是吗?[1]

典的政治斗争(第欧根尼《名哲言行录》2.7-13)。我们至多能说,古代智者的爱欲远离城邦。苏格拉底在这篇对话中一共问了希琵阿斯三个问题:第一,古代智者与当今的新派智术师相比,谁更有智慧?第二,希琵阿斯在什么地方赚的钱最多?第三,什么是美?这是第一个问题。这个问题的机关在于,苏格拉底明知三组古人的智慧不是同一种类型,却统称他们为"在智慧方面大名鼎鼎"的人;他明知这些古人都与政治事务有牵连,却依然称他们"远离政治事务"。苏格拉底似乎在考验希琵阿斯,考验他是否具有分辨不同智慧类型的"智慧",以及是否具有理解智慧与政治之关系的"智慧"。

1　从希琵阿斯不以为然的语气可以看出,他无意分辨智慧的类型,因为这些古人的智慧都有所欠缺,他们都缺乏审慎(phronēsei),故而不能同时照料好一般事务与个人事务。

希琵阿斯把远离政治等同于缺乏审慎,仿佛审慎跟城邦事务(政治)关系密切。与此同时,他又颠倒了苏格拉底的排序,把个人事务排在后面,而且用"一般事务"取代"公共事务"。这表明希琵阿斯并不真正关心公共事务,他只不过显得如此。

苏 凭宙斯之名,[1] 就像其他技艺都取得了进步,与今天的匠人相比,古代的匠人 [d5] 不值一提。同样,你们智术师的技艺也取得了进步,[2] 在智

希琵阿斯关心个人事务和个人利益,准确地说,他关心的个人事务具有"一般性"的特征。一般的个人事务显然不包括自然哲人追求的智慧和真理,它更多指向金钱和名声。这也是希琵阿斯不愿远离城邦的原因,城邦之外,名利皆无。

总而言之,个人事务高于公共事务,一般的个人事务又高于特殊的个人事务。所谓"审慎",就是要把智慧用在一般的个人事务上面,为自己谋划好处。这样,希琵阿斯不动声色地完成了对追名逐利行为的辩护。

1 整篇对话第一次出现祈祷语,也是苏格拉底首次起誓。这番誓言使智慧进步的说法变得可疑。

2 智术师(sophistēs)与智慧(sophia)有关,有广义和狭义之分。广义的智术师并不带贬义,通常指具有某种专业技能的人士,比如乐师、诗人。亚里士多德曾用这个词称呼"七贤"。在雅典民主时期,普遍存在鄙视智术师的风气。此时,智术师也专指新兴知识人群体,这些知识人也这样自称。本文将泰勒斯等古人译作"智者",将希琵阿斯等新派知识人译作"智术师",以示区别。

慧方面，老派智者在你们面前不值一提，我们可以这样说吗？

希 你说得完全正确。

苏 如果在我们现在，希琵阿斯，就算庇阿斯活过来，[1] 他在你们面前也将遭到嘲笑，[2]［282a］正

苏格拉底从希琵阿斯关于审慎的论证中推导出智慧的进步，令人匪夷所思。这令人想起《普罗塔戈拉》中普罗塔戈拉针锋相对的说法：智术的进步在于不必对自己的智慧遮遮掩掩，大大方方地承认自己是智术师，坦率比审慎更有利于个人事务（316c-317c）。

1　苏格拉底玩了一个押头韵的双关语，有调侃希琵阿斯的意味。

2　"笑声"是理解美的一个重要线索，它将贯穿整篇对话。这是"笑声"首次出现，从上下文看，这里的"嘲笑"用以形容老派智者缺乏审慎的丑，反衬希琵阿斯的审慎之美。希琵阿斯从不嘲笑他人，也决不允许自己被别人嘲笑。在他看来，笑声会给被开玩笑的人带来不快，开玩笑是低级趣味的表现，几乎可以等同于"丑陋"。总的来讲，希琵阿斯对笑的理解过于狭隘，他没有意识到存在一种善意的幽默，可以给人带来快乐。就此而言，希琵阿斯更接近亚里士多德意义上的呆板型人格。参见《尼各马可

如雕刻家说代达洛斯,[1] 若他生在今天,如果还在制作那些让他获得名声的东西,他也会是可笑的。

希 正是这样,苏格拉底,如你所言。[a5] 不过我本人习惯于赞颂古人和我们的先辈胜过今

伦理学》4.8,1128a–1128b5。相比之下,苏格拉底的幽默是介于低级玩笑和呆板之间的中道。如果说希琵阿斯的嘲笑总是指向他人,苏格拉底的幽默则更多地指向自身,这种善意的自嘲有助于哲学回归现实。

1 苏格拉底先是将智术比作一般的工匠技艺,然后又进一步将其比作雕刻术。在柏拉图的《智术师》中,爱利亚的异乡人曾将智术与雕刻术相提并论,因为它们同为制作影像的幻象术(236c)。正如雕刻术制作真人的影像,使之显得美;智术也制作真理的影像。凭借这门技艺,希琵阿斯打造出一副积极投身公共事务的光辉形象。老派智者之所以可笑,是因为他们没有使自己的形象显得美。代达洛斯(Daidalos)是传说中的雕刻家,他最著名的作品是为克里特国王米诺斯建造的一座迷宫。相传,代达洛斯的雕像栩栩如生,仿佛被注入了生命。苏格拉底的父亲索弗戎尼斯库斯就是一位雕刻匠。不过,苏格拉底的哲学绝非源于其父亲的技艺,哲学就其本性而言从来不是制作影像的技艺。

人，因为我既担心生者的嫉妒，又害怕逝者的愤怒。[1]

苏　[282b] 说得美啊，希琵阿斯，在我看来，你真是能说善思。[2] 我为你作证，你说的是真的，而且你们的技艺确实取得了进步，有能力处理公共事务，以及个人的事务。

---

[1]　这句话是押头韵的骈句，典型的智术师修辞风格。形式上有掉书袋之嫌，内容上则反映出希琵阿斯的审慎。

[2]　苏格拉底第三次赞美希琵阿斯，也是"美"一词第二次出现。第一次赞美希琵阿斯的智慧胜过古人的智慧；第二次赞美希琵阿斯的智慧就像雕像术；第三次赞美希琵阿斯就像其他当代智术师一样善于赚钱。苏格拉底每次赞美希琵阿斯时都提到或至少暗示了名声。老派智者的名声来自他们的智慧，雕刻家的名声来自他的作品，而新派智术师的名声则来自钱财或敛财的本事。苏格拉底根据希琵阿斯式"审慎"的逻辑褒贬古今智术师，公共事务被一笔带过，重点是个人事务，即如何通过炫示智慧赚钱。与之形成鲜明对比的是，那些古人不屑于炫示自己的智慧，对钱财更没兴趣，因而显得幼稚。苏格拉底把智慧的进步等同于使智慧显得更美。倘若如此，那这种进步也将显得可笑。

高尔吉亚，[b5] 这位雷翁提尼的智术师，有一次从家乡出公差至此，担任信使，因为他是雷翁提尼最精于处理一般性事务的人。[1] 另外，在集会上，他显示出了极其出色的演说才华，而私底下，他炫示自己的口才，吸引了一帮年轻人，凭此赚了许多钱财，[282c] 从这座城邦带走。

还有我们的友伴普罗狄科，他经常出公差，最近的一次，他从克欧斯出差至此，在议事会中露了一手，赢得满堂喝彩，而在个人方面，[c5] 他炫示自己的口才，吸引了一帮年轻人，凭此他发了一笔令人惊讶的大财。[2]

---

[1] 高尔吉亚（Gorgias，公元前 483-375），自然哲人恩培多克勒（Empedoceles，约公元前 495-435）的学生，尤其擅长修辞术。柏拉图以他命名的同名对话即以修辞术为主题。雷翁提尼是西西里岛上的一座城邦。公元前 427 年，高尔吉亚率领雷翁提尼外交使团访问雅典，旨在劝说雅典人与之结盟对付叙拉古人。他在公民大会上的发言赢得了极大的赞赏。

[2] 普罗狄科（Prodicus，公元前 465-395 年），著名智术师，精通语义辨析，据说是伊索克拉底、欧里庇得斯和忒拉绪马科斯的老师。他经常访问雅典，教人如何在演

而在那些古人中，没人认为赚钱谋生是值得的，也没人认为［282d］在各色人中炫示他自己的智慧是值得的。如此之天真，他们甚至没意识到钱的巨大价值。而这两位中的任何一个从智慧赚得的钱比其他匠人从无论任何技艺赚得的都多，甚至超过［d5］他们之前的普罗塔戈拉。[1]

希　那是因为，苏格拉底，你一点也不知道美这个方面的事物。[2] 因为如果你知道我赚的钱有多

说中正确用字。苏格拉底对他似乎不像对其他智术师那样反感。现存的柏拉图对话没有以"普罗狄科"命名的，普罗狄科也仅仅在《普罗塔戈拉》的智术师群戏中出场，参见《普罗塔戈拉》337a-c。克欧斯（Κέως）是普罗狄科的家乡，爱琴海西南部上的岛屿，离阿提卡不远。

[1]　阿伯德拉的普罗塔戈拉（Protagoras，约公元前490-420年），古希腊最著名的智术师，与德谟克利特是同乡。他自称可以教授政治技艺，并以此收学费。据说他是第一位收学费的智术师。

[2]　希琵阿斯对苏格拉底的赞美有些不满，他不满的不是苏格拉底的逻辑，而是从这一逻辑得出的具体结论。他用实例证明，他比普罗塔戈拉更能赚钱，他甚至暗示，比高尔吉亚和普罗狄科赚的总和还要多。最能赚钱意味着他最聪明。

少，包你大吃一惊。

其他不提，单说我去西西里那回，普罗塔戈拉[282e]也正在那儿盘桓，虽然他很受欢迎，也较为年长，我则相对年轻，但须臾间我就赚得一百五十多米纳，[1] 我还从一个名不见经传的地方，伊尼库姆，[2] 赚到了二十多米纳。

---

[1] 米纳是古希腊的货币单位。在古希腊，最大的货币单位是塔兰同，1塔兰同=60米纳，1米纳=100德拉克马，1德拉克马=6欧波罗。塔兰同是银子，而欧波罗是铜钱。一百五十米纳是一笔很大的收入。一个德拉克马在当时相当于一个技术娴熟的劳工一天的报酬。

[2] 伊尼库姆位于西西里岛上。传说，在建造完成克里特迷宫后，代达洛斯逐渐受到米诺斯的冷落。于是，他发明了一对羽翼，打算从空中逃走。与代达洛斯一起逃走的还有他的儿子伊卡洛斯（Icarus），尽管代达洛斯反复叮嘱伊卡洛斯不要飞得太高或太低，以免羽翼被太阳点燃或被海浪打湿，但首次飞行的伊卡洛斯难抑兴奋之情，飞得过高以致羽翼被烧焦，跌落海里。代达洛斯在西西里着陆后，他着陆的小镇便更名为伊尼库姆（Inycum），以纪念他的儿子。伊卡洛斯的悲剧暗示了审慎的重要性以及古人不如今人审慎。

第一场　远离政治？　　　　　　　　　　17

当我带着这些钱回家，交给我的父亲时，他和其他［e5］乡亲们都大吃一惊，吓得目瞪口呆。我想，我赚到的钱可能比其他两位——你所想到的任何两位智术师——赚的总和还多吧。1

苏　你说的倒是一桩美事，希琵阿斯，而且也很好地证明了你自己和今人［283a］的智慧如何有别于那些老家伙的智慧。

根据你的论证，从我们的先辈一直到阿那克萨戈拉都十分无知。因为，据说，发生在阿那克萨戈拉身上的事与发生在你们身上的事完全相反；他虽然继承了万贯家财，却千金散尽，而且毫不［a5］在意——他完全不动脑筋。2 人们说，别的这类事也

1　希琵阿斯明显希望给苏格拉底留下这样的印象：第一，他作为智术师，赚钱的本领非同寻常；第二，跟同时代的智术师翘楚相比，普罗塔戈拉已经过气了，而他希琵阿斯名声正炽；第三，他作为儿子，不仅慷慨，而且孝顺。

2　苏格拉底用了一个双关语，讽刺以心智学说著称的阿那克萨戈拉其实缺乏心智，对比281e10。这种俏皮风格也反映出整篇对话的谐剧性质。

常见于其他古人身上。在我看来,这是一个漂亮的证明,[283b] 证明今人的智慧不同于先辈的智慧。在多数人看来,聪明人自己必须聪明,尤其是为了自己;而聪明人的标志正是在于赚最多的钱。[1]

这些事就到此为止吧!告诉我,在你所去的城邦中,[b5] 你从哪里赚的钱最多?很明显嘛,不就是从拉刻岱蒙吗,你去得最频繁的那个城邦?[2]

[附释] 尽管最后,苏格拉底与希琵阿斯达成一致,但苏格拉底对这种聪明人的智慧其实有所保留,我们可以从他话里留下的蛛丝马迹找到两条线索:

---

1 这一略显荒谬的结论表明,希琵阿斯虽然看重钱,却对于钱的自然属性缺乏充分的认识。这份无知恰恰为他追求财富提供了动力,由此我们也明白了希琵阿斯没有闲暇的缘故。

2 苏格拉底这里的自问自答是逻辑推理的结果:既然希琵阿斯在伊尼库姆那种小地方都能日进斗金,可以设想,他在繁华的大邦必将财源广进。之前希琵阿斯又坦言,斯巴达是他出使最频繁的城邦,那么,希琵阿斯必定也在那里赚钱最多。序曲部分以拉刻岱蒙结尾,与开头相呼应,同时也为接下来的斯巴达之旅拉开了序幕。

第一,苏格拉底虽然承认这种聪明人的智慧"有别于"(diapherousi,283a)、"不同于"(pros,283b)古人的智慧,却不肯承认今人的智慧胜过古人的智慧;第二,苏格拉底确实把金钱看作衡量智慧或美的尺度,但他也指出,这只不过是多数人的尺度。苏格拉底心里清楚,虽然新派智术师比老派智者更善敛财,但这并不能证明他们比古人更有智慧。智慧的"古今之争"是非未定。

接下来我们将看到,在苏格拉底的追问下,希琵阿斯的斯巴达之旅显得像一场谐剧,它在行动上有力地反驳了"智慧的标志在于赚最多的钱"的观点,同时也表明,古人在远离政治方面的洞见比新派智术师更为深刻。

分文未赚的斯巴达之旅

[题解] 苏格拉底口头上说"这个话题就到此为止吧",实际上紧紧抓住钱的话题不放,又牵扯出一段希琵阿斯在斯巴达的遭遇。

这段插曲是整篇对话中最具谐剧性的章节。苏格拉底本以为希琵阿斯在斯巴达赚的钱最多,哪知希琵阿斯在那里分文未赚——斯巴达的礼法不允许收费教育的行为。

希琵阿斯的斯巴达之旅是柏拉图对话中唯一记叙智术师在雅典之外活动的文字。如果说雅典的民主政制为智术师提供了施展才华的舞台,智术师运动看上去只能在特定的土壤上才能开花结果的话,那么,智术师在雅典以外的其他城邦的活动则能较为客观地重新评价政治事业与远离政治的哲学事业孰美的问题。

希　不是,以宙斯发誓,苏格拉底。[1]

1　希琵阿斯第一次起誓,表明他没开玩笑。这与他拒绝笑声的作风相一致。

苏　你怎么这样说？难不成赚得最少？

希　[283c] 其实，不曾赚取一厘一毫。

苏　你说的是件稀奇事儿，令人吃惊，希琵阿斯。[1] 告诉我，难道你的智慧不能吸引人，使学习德性的人变得更好（beltious）？

希　当然 [c5] 能够，苏格拉底。

苏　那是你能让伊尼库姆人的孩子变得更优秀（ameinous），却不能使斯巴达的孩子变优秀？

希　当然不是。[2]

1　亚里士多德说哲学起源于对自然万物的惊奇（《形而上学》982b15），苏格拉底惊奇的却往往是人事。对于希琵阿斯日进斗金的本领，苏格拉底不吃惊。当他分文未赚时，反而激发起苏格拉底在哲学上的好奇心。因为根据"智慧的标志在于赚最多的钱"，分文未赚意味着希琵阿斯的智慧不被斯巴达人承认。这无异于对希琵阿斯的智慧发起了正面挑战。

2　在猜测希琵阿斯赚不了钱的原因时，苏格拉底措辞精确，显得像一位智术师：他反复使用到"好"的比较级——beltious 和 ameinous。这两个词都表示"更好"，一般来讲可以不加区分地交替使用，如果非要精确地区别二者，beltious 偏指更有德性，ameinous 偏指更有知识。苏格

苏　那肯定是西西里人渴望变得更优秀,而拉刻岱蒙人[283d]却不渴望喽?

希　也不是,苏格拉底,拉刻岱蒙人也渴望。

苏　那是因为缺钱,所以他们才不愿跟你打交道?

希　当然不是,他们有的是钱。

苏　那是为什么,他们有意愿,又有钱,[d5]而且你又有能力给予他们莫大的帮助,他们却没让你赚得满载而归?若是如此,该不会在教育孩子们方面,拉刻岱蒙人比你更好吧?若我们都这样说,你同意吗?

希　[283e]没门儿!

苏　所以你是未能说服拉刻岱蒙的青年吧,如果他们跟你在一起,而不是跟他们自己的人在一起,他们在德性上会取得更大的进步?或者说,你没能力说

拉底先是猜测希琵阿斯的智慧能否使人变得更有德性,后来又猜测他的智慧是否只能使某些人变得更有知识,而不能使斯巴达人变得更有知识。苏格拉底怀疑希琵阿斯的知识对人没有实质性好处,不过,这两点猜测均被希琵阿斯否认。

服他们的父亲们，[e5]他们应当把儿子交托给你，而不是由他们自己看管，如果他们关心儿子的话？难道是因为他们嫉妒自己的孩子成为最优秀的人？

希　我倒不认为他们会嫉妒。1

苏　可拉刻岱蒙确实郅治。2

1　之前的两个猜测遭希琵阿斯断然否认之后，苏格拉底又假设了四个原因：第一，斯巴达人并不渴望学习知识；第二，斯巴达人没有足够的经济实力负担高昂的学费；第三，斯巴达人比希琵阿斯更有德性，更适合亲自教育斯巴达的青年；第四，斯巴达人出于嫉妒不愿让希琵阿斯教授斯巴达的青年。希琵阿斯虽然全部予以否认，但他也许没料到，其中两个原因很可能成立——斯巴达的青年并没有学习新知识的热情，自然也不会为学习新知识支付高昂的学费。这一点随即得到证明，无论是自然的、修辞的抑或数理的知识，斯巴达人通通不感兴趣（285c-d）。

2　郅治（eunomos）是古希腊早期城邦理论的核心概念，它以传统宗法为载体，尤其推崇德性。eunomos的字面含义为良法，吴寿彭先生译作"郅治"，取"天下大治,清明太平"之义。郅治观念的产生与贪财导致的不义相关，所以这种制度旨在克服因贪财而造成的失序状态。斯巴达是郅治的典范。希琵阿斯在斯巴达赚不到钱，恐怕不是一个偶然事件。

希　可不是吗？

苏　[284a] 而在郅治的城邦里，最推崇德性。

希　当然。

苏　而在众人中，你知道如何以最美的方式，把德性传授给他人。

希　确实如此，苏格拉底。

苏　若一个人知道以最美的方式传授 [a5] 骑术，那他在希腊的帖撒利亚或其他任何重视骑术的地方岂不会大受赞誉，获得钱财无数？[1]

希　是这样。

1　帖撒利亚（Thessalia），希腊北部的一个城邦，以骑兵闻名。苏格拉底在《克力同》中称该邦没有法律，没有秩序。

把德性比作某种技艺，是苏格拉底论证的惯用伎俩，智术师很难拒绝这样的类比，否则他们就没有正当理由收学费了。然而，在帖撒利亚，骑术的精湛当然可以通过聘请专人来实现；在斯巴达，德性的完善却不可能这样实现，因为郅治的城邦对金钱有强烈的敌意。

希琵阿斯知道如何以最美的方式教授德性，但不意味着他能传授关于德性最有价值的知识。这表明，希琵阿斯对美的理解并不以善为前提。

苏　若有人能够传授关于德性最有价值的知识，在［284b］拉刻岱蒙或在其他郅治的希腊城邦，那他岂不会大受赞誉，赚得钱财无数，只要他愿意的话？

还是说，友伴啊，你认为更有可能在西西里和伊尼库姆［大受赞誉，赚钱无数］？[1] 我们要相信这一点吗，希琵阿斯？你若下命令的话，我们必须得相信。

希　［b5］因为这有悖祖制，苏格拉底，不管是革新拉刻岱蒙人的礼法，还是教育他们的儿子们

1　西西里人以奢靡闻名，他们热衷于宴饮，一日参加两次聚会，夜里也不独眠，充满了奢侈和放纵。参见《书简七》326b-c。西西里人的例子改变了上一个例子的性质：骑术本是一门军事技艺，可一旦与西西里沾上关系，便容易使人联想到玩物丧志的赛马术。对勘阿里斯托芬《云》60-125。由于骑术的类比并未使希琵阿斯明白德性与钱财的紧张关系，苏格拉底不得不换一个跟德性反差更大的例子。希琵阿斯在西西里赚得盆满钵满，说明他能使西西里人感到快乐。同理，他要想在斯巴达赚钱，必须证明他能够使斯巴达人变得更有德性。

有别于习俗的东西。[1]

苏　怎么说？对于拉刻岱蒙人而言，难道正确地行事就有悖于祖制，而犯错就不违背吗？

希　[284c] 我可没这样说，苏格拉底。[2]

苏　所谓行事正确，是用更好的方式教育青年，而不是用更坏的方式，难道不是吗？

---

[1] 苏格拉底步步紧逼，终于让希琵阿斯承认斯巴达风俗的特殊性：斯巴达是推崇郅治的城邦，郅治不允许追求财富的行为，德性尤其与财富不相容。在斯巴达，智慧无法再以赚钱的多少来衡量。希琵阿斯在斯巴达的实际经历推翻了"智慧的标志在于赚钱"的论断。

[2] 在希琵阿斯道出真相以后，苏格拉底反而倒过来为他辩护。意外的是，希琵阿斯并未因为赚不到钱就心怀不满，反而成为斯巴达礼法的辩护者。于是便出现了哲人为智术师的智慧辩护，智术师为传统礼法辩护的反常局面，而且这样的反常局面前后持续了三个回合。

第一回合：如果接受希琵阿斯的教育等同于正确的行为，那么将由此得出结论，正确的行为是违法行为。这显得既荒谬又搞笑，相当于在强烈谴责斯巴达的礼法。希琵阿斯连忙宣称自己并没有谴责斯巴达礼法的意思，拒绝希琵阿斯的新式教育算不上做错事。

希　[c5] 正是；但礼法禁止异邦人教育他们的青年。你要知道，但凡有人能够在那儿教书赚钱，肯定是我赚得最多——至少他们乐于听我讲，还称赞我——但如我所言，那于礼不合。[1]

苏　[284d] 你说礼法呀，希琵阿斯，是有害于城邦呢，还是有益于城邦？

希　制定礼法，我认为，是为了有益，可有时候也会有害，倘若礼法制定得糟糕的话。

苏　什么？制定礼法者制定的礼法是为了城邦最大的善，难道不是吗？[d5] 否则，哪里还有可能在好礼法下生活呢？

希　你说的是真的。

1　第二个回合的重点不在于苏格拉底引入好坏两种标准来评价希琵阿斯和斯巴达人的教育方式，而在于希琵阿斯的回应。他把礼法对智慧的贬低从礼法对财富的敌视中剥离出来——不赚钱不意味着不聪明，斯巴达人的赞美证明了他的智慧。希琵阿斯甚至假设，如果没有相关禁令，他依然是赚得最多的人。希琵阿斯不认为他的智慧与斯巴达的礼法之间存在不可调和的冲突，即便有，也能轻易化解。这也是苏格拉底两次偏向他，但他的反应却并不积极的原因。

苏　那无论何时，一旦那些着手制定礼法的人把什么是善给弄错了，他们就会把风俗与礼法弄混，[284e] 你怎么说？[1]

希　准确地说，苏格拉底，确是如此；不过，人们尚不习惯这样使用语词。

苏　你说的是那些明白人，希琵阿斯，还是那些不明白的人？

希　多数人。[2]

---

[1]　苏格拉底前两个回合的辩护都没取得效果，第三个回合他改变了策略，试图用精确的语义辨析和严谨的逻辑推理为希琵阿斯的智慧辩护，颇具智术师风格。整段论证从区分风俗（nomimou）与礼法（nomou）开始。风俗与礼法含义相近，但风俗有更强的道德意味。不过，这一区分并非苏格拉底强调的重点，重点在前半句——制定礼法者能否正确认识"什么是善"。制定礼法者必须首先认识"城邦最大的善"，然后才能围绕它制定相应的礼法。

[2]　对话第二次提到多数人及其看法。多数人的第一个看法是"聪明人的标志在于赚最多钱"；第二个看法是"风俗与礼法是一回事"。这两次看法表明，多数人具体指非知识人，缺乏辨识事物本性的智慧。希琵阿斯显然不是多数人，但他却十分在意多数人的看法。

苏 这些知道真相的人,就是多数人喽?

希 [e5] 当然不是。

苏 相反,或许那些知道的人们实际上相信,更有益的而不是更无益的才是更合法的,对所有人都是如此;难道你不同意吗?

希 是的,我同意,至少事实如此。[1]

苏 那些明白人的看法才是如此,而且一直如此,难道不是吗?

希 当然。

苏 至于拉刻岱蒙人,如你所说,更有[285a]益的是接受你的教育,[即便]是异邦的教育,而非当地的教育。

希 至少我所说的是真的。

苏 因为更有益的东西是更合法的,你是这样

---

[1] "更有益的就是更合法的"并非一个普遍有效的命题,但既然希琵阿斯同意这一点,那么它就成为下一个推论的可靠前提。这是苏格拉底惯用的论证方法,从一致同意的论点逐步前进。对勘色诺芬《回忆苏格拉底》4.6.15。

说的吧,希琵阿斯?[1]

希　我是这样说过。

苏　那么,基于你的[a5]论证,对于拉刻岱蒙人的儿子们来说,接受希琵阿斯的教育更合法,而接受父亲们的教育则更不合法,只要他们真正能从你这里受益。

希　可他们确实有所[285b]受益,苏格拉底。

苏　那拉刻岱蒙人就违法了嘛,要是他们没给你金子,并把他们自己的儿子交托给你的话。[2]

---

[1] 苏格拉底看似重复了之前一致同意的前提,实则不然,因为他已经使希琵阿斯同意"接受希琵阿斯的教育更有益"。由此一来,接受希琵阿斯的教育比接受斯巴达本地人的教育更合法。

[2] 整个第三回合,苏格拉底试图论证一个悖论——以守法著称的斯巴达人实际上是最大的违法者,因为他们不让希琵阿斯教育斯巴达的青年。其论证过程可概括如下:

大前提:礼法必须对城邦有益,一项行为是否合法主要看它是否对城邦有益。

小前提:希琵阿斯比斯巴达的父辈更有知识,因而他的教育对斯巴达的青年更有益,也就更合法。

第一场　远离政治？　　　　　　　　　　31

希　我同意，因为你说的这番话似乎偏向我，我也没必要去反对它。

苏　[b5]确实，友伴啊，[1]我们发现拉刻岱蒙人在违法，而且还是在最重要的事情上，尽管他们看上去最守法。

他们在诸神面前赞誉你，希琵阿斯，而且还感到高兴，他们到底听到了什么样的东西？显然，不就是那些你[285c]最美地知道的东西吗，关于星

结论：禁止希琵阿斯教育斯巴达青年是违法的。

这番言论看似偏向希琵阿斯，其实论证的小前提暗藏猫腻：更有知识不意味着更合法，因为斯巴达作为郅治的城邦，推崇的是德性，而非自然知识。换句话说，智术师受到的主要批评就是用新知识败坏青年的德性。

1　苏格拉底第二次称希琵阿斯为友伴。友伴（hetairos）与朋友（philos）不同。孔颖达曰："同门曰朋，同志曰友。"苏格拉底与希琵阿斯当然不算志同道合的"友人"，但苏格拉底在第三回合摹仿智术师，"友伴"的称呼显得像是智术师的"朋人"。此前，苏格拉底也称普罗狄科为"我们的友伴"（282c）。

宿的事物以及天上的事物？[1]

希　根本不是！这种事情他们哪里忍受得了！

苏　那听几何学的东西，他们会高兴吗？

希　一点也不，他们中的大多数，可以这么说，[c5] 连计数都不会。

苏　那他们半点都忍受不了关于运算术的东西，至少当你演说时。

希　千真万确，以宙斯之名。[2]

---

[1]　苏格拉底第二次自问自答。第一次他问希琵阿斯在哪里赚钱最多，然后自以为是地认为是斯巴达，没想到希琵阿斯在斯巴达分文未赚。这一次他问斯巴达人对什么学问最感兴趣，他以为是天象学，不料再次猜错。

苏格拉底的猜测并非毫无根据。在《普罗塔戈拉》中，苏格拉底就发现希琵阿斯端坐于卡里阿斯家的廊下，详细讲解一些天象学的问题，拥趸众多，其中就包括在柏拉图对话中十分起眼的斐德若。可见，希琵阿斯的天象学很有吸引力。

[2]　对于斯巴达人而言，所谓教育，即军事教育。与此无关的农务以及其他技术活儿都是留给仆人或奴隶干的。

不过，天象学和数学也并非毫无军事功能，《王制》卷七对统治者进行的教育不但包含了数学与天象学等自然

苏　那肯定是这些东西,你在众人之中知道[285d]以最准确的方式分析——关于字母、音节、韵律与谐音的能力,不是吗?

希　嗯,我的好人唷,确实是谐音与字母。[1]

苏　可他们到底乐于从你那里听什么呢,而且还乐于赞扬你?你得亲口告诉我,因为我实在[d5]找不出。

知识,而且专门强调了这些学问在战争中的用途(522c-529c)。

希琵阿斯只知道这些学问美的方面,却不通晓其实用的方面,故而只能吸引雅典和西西里的年轻人,却无法吸引斯巴达的年轻人。

根据二人的对话,希琵阿斯擅长的知识包括:天象学、数学以及音乐。除了辩证法,这些知识恰好是《王制》中的美丽城邦的统治者必须掌握的知识。

1　谐音(Harmoniōn),指不同声音按比例组合在一起的一门乐理知识,柏拉图认为和声包含了算术、几何的数学知识,以及星宿运动的天象学知识。希琵阿斯擅长的是接近乐理知识的和声,而斯巴达人感兴趣的是音乐中的故事。二者的区别近似于《王制》第七卷的音乐教育与第二卷音乐教育的区别。

希 关于诸英雄和人们的谱系，苏格拉底，以及建城，比如在古代诸城邦如何建立，总之，全是那些个古老传说，才是他们最乐于 [285e] 听的。所以，正因为如此，我才不得不学习、钻研所有那些事物。[1]

苏 是的，以宙斯之名，希琵阿斯，你算走运了，拉刻岱蒙人也许会不高兴，若有人告诉他们，我们的执政官 [e5] 始于梭伦；[2] 否则，你非得花大力气才能学个透彻。

希 怎么可能，苏格拉底？我只听一遍，就记

---

[1] 数学或天象学，这些知识不仅无法使斯巴达人感到快乐，更不会赢得他们的赞美。所以希琵阿斯被迫转向神话故事。换言之，希琵阿斯近似于《王制》中的统治者教师，而斯巴达人渴慕的却是以诗教为主的护卫者教育，这要求希琵阿斯必须从统治者教育下降到护卫者教育。如此转变显得像是对哲人返回洞穴的滑稽摹仿。

[2] 梭伦是雅典的政治家，也是古希腊"七贤"之一。他在担任执政官期间推行了一系列改革，吸引了越来越多的平民参与到政治事务中来。经过梭伦及其后继者的改革，雅典迅速崛起，成为斯巴达的劲敌。苏格拉底这番话暗示，当着斯巴达人的面念雅典执政官的名字，有火上浇油的意味。

得住五十个名字。

苏　你说得对，我差点忘了你还会记忆术。[1] 所以，我认为 [286a] 拉刻岱蒙人喜欢你，因为你知道许多事情，正如孩子们喜欢老奶奶，是因为讲故事令他们快乐。

希　以宙斯之名，苏格拉底，至于种种美的事业（epitedeuma），[2] 我前不久才讲述 [a5] 年轻人应当如何从事（epitedeuein）这些 [事业]，在那里大受欢迎。因为关于这些事业，我已经编织出一篇讲辞，几乎完美，其他方面也编得很好，尤其是在措辞方面。[3]

1　"知识即回忆"是柏拉图哲学的经典命题。在《希琵阿斯后篇》中，苏格拉底称记忆术是希琵阿斯的拿手绝活。在某种意义上，希琵阿斯的博学多才全靠记忆术。

2　事业（epitedeuma）这个词偏指从事日常私人的事务：伯里克勒斯把事业与公办（politeuein）对举（修昔底德《伯罗奔半岛战争史》2.37.2）；第俄提玛把事业看作爱欲在美的阶梯中攀升的中间环节，这种爱欲同样具有私人性质，参见《会饮》211c。

3　智术师很注重打磨措辞，用词要流畅、柔和、精美；辞藻要漂亮、华丽、凝练；比喻要形象而富有诗意，古雅而不同寻常；还要发明一些新概念、新用法。总而言这篇讲辞的序曲和开头大致是这样：故事（logos）讲述了特洛亚陷落后，涅奥普托勒摩斯请教[286b]涅斯托尔什么是美的事业。[1] 它可以使从事

之，一切都为取悦听众，让他们感到愉快、舒适，并且理解时没有障碍。所有这一切都是为了获得听众的赞美与掌声。比较《会饮》中阿伽通的讲辞（194e-197e）。

[1] 在《伊利亚特》中，涅斯托尔（Nestor）是皮洛斯国王，由于年事已高无法作战，他的职责就是给希腊人出谋划策。希琵阿斯认为在远赴特洛亚的人中，涅斯托尔最有智慧（《希琵阿斯后篇》364c）。涅奥普托勒摩斯（Neoptolemos），阿喀琉斯之子，在攻陷特洛亚的战役中作战英勇。奥德修斯在冥府会面阿喀琉斯的鬼魂时提起过他（《奥德赛》11.504-540）。从内容看，希琵阿斯讲了一个神话（mythos），但他却称其为演说（logos）。这篇讲辞史称"特洛亚演说"，是一篇炫示演说。它既不同于高尔吉亚的诉讼演说，也不同于普罗狄科的庭辩演说。亚里士多德认为美是炫示演说的主要目的，参见《修辞术》1358b。

荷马的《奥德赛》讲述了涅斯托尔教育奥德修斯之子特勒马科斯，索福克勒斯的《菲罗克忒忒斯》讲述了奥德修斯教育阿喀琉斯之子涅奥普托勒摩斯。但在传统神话

第一场 远离政治？

这些事业的年轻人变得最受欢迎。[1]说完这些之后，涅斯托尔还向涅奥普托勒摩斯提了许多合理合法的、十全十美的［建议］。[2]

这篇讲辞我在那里展示过，［b5］我打算三天后

中，未见涅斯托尔教育阿喀琉斯之子的故事。智术师反传统的主要方式就是改编传统神话。比较普罗塔戈拉改编普罗米修斯神话，参见《普罗塔戈拉》320c5-324d。

1　传统诗教的看法是，美的事业以美的德性为前提，所以追求美的事业首先应当使自己富有德性。《法义》中的雅典异乡人曾表示，涅斯托尔的节制胜过所有人，比他的语言能力更显著（711e）。希琵阿斯的故事新编与如何变得有德性无关，他教的是如何显得有德性，从而变得受欢迎。换言之，涅斯托尔没教涅奥普托勒摩斯如何拥有德性，而教他如何显得拥有德性。希琵阿斯在雅典和斯巴达的经历证明，作为当代涅斯托尔，希琵阿斯继承了涅斯托尔的语言能力，却未继承他的节制品德。这解释了为什么讲辞的主题是事业而非德性。

智术在《高尔吉亚》中被比作类似于化妆术的事业（463b以下）。

2　希琵阿斯并非荷马的忠实信徒，他用古人的素材，不过是顺应多数人偏好的一种"审慎"，参见282a5。

在这里展示,就在斐多斯特拉图斯学园(Pheidostratos),[1] 除此以外,还有许多其他东西值得一听。因为阿佩曼托斯(Apēmantos)之子欧狄库斯(Eudicus)邀请了我,[2] 所以你得光临,[286c]再领些其他懂得欣赏的人来听。

[附释]希琵阿斯嘲笑老派智者远离政治的沉思生活算不上美的事业,可他的斯巴达之旅表明,新派智术师的教育事业非但不美,而且显得滑稽可笑。靠着谈论美的事业的"特洛亚演说",希琵阿斯的斯巴达之旅才勉强画上了圆满的句号。

然而,我们能否从希琵阿斯政治事业的可笑推断出政治事业本身的可笑呢?要回答这个问题,我们必须把隐藏在戏剧背景中的阿尔喀比亚德纳入考虑。打造雅典帝国的政治抱负算不算美的事业?政治事业与哲学事业哪一个更美?要想分出高下,我们不得不首先搞清楚"美是什么"。

1　关于斐多斯特拉图斯学园的情况尚无文献记载,其字面含义是"节俭的士兵"。

2　除了《希琵阿斯》,欧狄库斯未见于其他柏拉图对话或古典作品。他名字的字面含义是"好的正义",很可能是柏拉图杜撰的人物。

幕间一 "第三者"登场

[题解] 这一段是开场部分与正文部分之间的过渡。从智慧到美的过渡是由关于美的事业的演说衔接完成的。

希琵阿斯的"特洛亚演说"使苏格拉底想起一段往事:他曾经在一场关于美的论辩中被"某人"击败,落了下风。于是,苏格拉底请求博学的希琵阿斯向他传授美的知识,由他来摹仿"某人",反驳希琵阿斯,以便更透彻地领会"什么是美"。这一回,苏格拉底能如愿以偿吗?

苏 一言为定,若神允许的话,[1] 希琵阿斯。可

---

1 苏格拉底的命神(daimonia)不允许他参与政治事务。从《希琵阿斯后篇》可知,苏格拉底如约参加了希琵阿斯的演说,说明这场演说仅仅是希琵阿斯的私人事务。这再次证明,智术师在公共事务方面的活跃不过是替

现在,请回答我一个小小的问题,正好与此相关,既然你[c5]碰巧提醒了我。[1]因为最近有某人,[2]最优秀的人儿啊,[3]在辩论中打倒了我,让我无言

其私人事务打掩护。值得注意的是,神作为反例连续三次出现在希琵阿斯的定义中。

1 "碰巧提醒"直译为"提醒得美"(eis kalon),是一个双关语。

2 随口虚拟一个人物,把不太方便直接说出来的话"放进这人嘴里",是苏格拉底的常见做法,也是苏格拉底式反讽的主要表现方式之一。这样做有时是出于礼貌,有时是因为友谊的缘故,有时是为了保持谦逊,总而言之,可以理解成为了避免某些不必要的麻烦。

从表面上看,苏格拉底引入"某人"(tis)这个第三者是为了维持开场以来的礼貌气氛。倘若是这样,苏格拉底一般会用虚拟式来描述这样的对话,意思是它们并未真实发生过,从而暗示说这些话的人都是虚构出来的角色。然而,他在谈论"某人"时,使用的是直陈式。这意味着"某人"是一个真实存在着的人。我们最后发现,这位"某人"其实就是苏格拉底本人。

3 苏格拉底之前多次称希琵阿斯为"友伴",仿佛他也是智术师中的一员。为了让希琵阿斯伸出援手,助他一臂之力,苏格拉底不惜改口称其为"最优秀的人"。

以对。[1]

当时,我正批评某些东西丑(aischra),[2] 赞扬某些东西美,他这样发问的态度非常嚣张。"告诉我,苏格拉底呀,"他说,"你是从哪儿知道[286d]什么样的东西是美的,什么样的东西是丑的?来吧,你说得出什么是美吗?"而我呢,资质愚钝,早已无言以对,没有办法回答他。

我们分开之后,我自怨自艾,[d5] 发誓只要一

---

[1] 无言以对(aporian)是柏拉图对话的常见现象。柏拉图对话可分为有解的对话(dogmatic dialogue)与无解的对话(aporetic dialogue),前者为他们讨论的问题提供了答案,后者则没有提供答案。大多数定义型对话都属于无解的对话,《希琵阿斯前篇》最后也以失败而告终。

[2] aischra 兼有审美意义上的"丑"和道德意义上的"可耻"双重含义。这是丑首次出现在对话中,它是伴随"某人"一起登场的。

希琵阿斯不愿谈论丑,这有损他那美的形象。但是,不认识丑就不可能彻底认识美。于是,苏格拉底引入"某人",让他负责挑起关于丑的话题。这样在希琵阿斯看来,他就不再是在谈论丑,而是在批判"某人"提出的关于丑的论断,显得更像一桩高尚的行为。

碰见你这群聪明人中间的某一位,我必会请教他,好好研究、琢磨,然后再回去找到我的那位论敌,和他理论一番。[1]

所以我才说你今儿来得正巧,请务必向我解释清楚美本身是什么,在你向我解释的时候,[286e]请试着尽可能准确,免得我再次被驳倒,又遭一次嘲笑。[2] 因为你一定了解得很透彻,这不过是你通晓的多门学问中微不足道的一门而已。

希　[e5]不过小事一桩,以宙斯之名,苏格拉底,没什么了不起,说实话。

苏　那我将很容易学会,从此再没人可以驳倒我。

---

[1] 苏格拉底必定也曾像希琵阿斯一样,认为美不是什么难以认识的东西,否则他没有必要自怨自艾。这也可以解释,为什么《希琵阿斯前篇》是苏格拉底主动发起的对话。比较《希琵阿斯后篇》。

[2] 嘲笑证明被驳倒是一件多么丑陋的行为。苏格拉底希望搞懂什么是美,并非出于他的求知欲,而是为了在日后的辩论中不被"某人"嘲笑。为了不显得丑,就得认识"什么是美"。这意味着认识美就会变得美。

幕间一　"第三者"登场　　　　　　　　　　43

希　肯定没人！否则我的行为也就太愚蠢、[287a] 太外行了！

苏　以赫拉起誓，[1] 你说得好，希琵阿斯，但愿我们能打败这位男子汉。不过，这样行不行？我摹仿那人来阻碍你，在你回答时，我将抓住你论证的漏洞，[a5] 以便你给我尽可能多的训练。因为我在反驳方面更有经验。如果这对你来说确实没什么差别，那么我希望提出反驳，以便学得更扎实。

希　那你来反驳吧。因为，我刚才说了，[287b] 这问题［难度］不大，许多更难的问题，我都可以教

1　这是苏格拉底第三次起誓。通常只有女人才拿赫拉起誓，苏格拉底在起誓时显得女气十足，而且形容"某人"是一位男子汉，仿佛在暗示他自己不是男子汉，没办法在言辞的战场上战斗，没办法在与"某人"的辩论中保护自己。在苏格拉底描述的上一次"战斗"中，他被"某人"杀得片甲不留，驳得无言以对。因此，苏格拉底希望希琵阿斯伸出援手。不过，苏格拉底要求的援助有些特殊：他没有请求希琵阿斯替他辩护，而是请求希琵阿斯向他展示，如何应对"某人"的诘难。他想知道，当希琵阿斯在面对"某人"的进攻时，他如何保护自己。

你分析，这样就没人能够驳倒你了。[1]

苏　哎呀，你说得好极了！来吧，既然你已吩咐，[b5] 接招吧，我将尽全力成为那人，向你提问。因为，假如你向他朗诵，展示方才你提到的那篇讲辞，关于美的事业的讲辞，他会先听你讲。

等你讲完后，他先不管其他，径自问美的问题——[287c] 这是他的习惯——他会说："厄利斯的异邦人呀，是不是由于正义，正义的人才是正义的？"回答他，希琵阿斯，假设是那人在提问。[2]

希　我将回答是由于正义。

苏　"存在这么一种东西，叫作正义，对吧？"

---

[1] 在希琵阿斯看来，关于美的知识并不美，因为这类知识不能赢得金钱与掌声。

[2] 苏格拉底称希琵阿斯为"友伴""最优秀的人"，显得亲近；与之相反，"某人"称希琵阿斯为"异乡人"，显示二人并不相识。希琵阿斯与"某人"的交谈必须通过苏格拉底才可能完成。作为陌生人，他们是潜在的敌人，而敌意确实在对谈中滋生了；但这一滋生的过程是通过苏格拉底发生的，准确地说，二人的敌意是苏格拉底"评判和传达"双方言辞的结果。就此而言，苏格拉底不仅摹仿了自己不为人知的另一面，还摹仿了希琵阿斯的使节身份。

希　当然。

苏　[c5]"难道不是由于智慧,智慧的人才是智慧的吗?而且,难道不是由于善,所有善的东西才是善的吗?"

希　怎么会不呢?

苏　"由于这些东西的存在,这些事物才如此;不至于是因为它们不存在。"

希　当然是由于它们存在。[1]

苏　"那么,所有美的事物不也是因为美才[287d]是美的吗?"

希　是的,是因为美。

苏　"因为它是某种存在的东西吗?"

希　是存在的东西,要不然呢?[2]

---

[1]　正义、智慧、善三个例子证明,原因和存在是美的两个固有属性。

[2]　"某人"发起的首轮进攻一共有六个回合。希琵阿斯在每一个回合都同意了"某人"的论证:正义是正义的人之所以正义的原因,而不是正义的人之所以存在的原因;作为原因,正义本身具备存在的属性;同理,智慧是

苏 "快告诉我,异邦人呀,"他会说,"什么是这个美?"

希 那个问这个问题的家伙,苏格拉底,不就想 [d5] 搞清楚什么东西是美的吗?[1]

苏 依我看,不是,而是什么是美,希琵阿斯。

智慧的人之所以智慧的原因,不是智慧的人之所以存在的原因。从善开始,情况发生了些许变化,"某人"没说善是善良的人之所以善良的原因,他说的是,善是善的事物之所以善的原因;同理,美是美的事物之所以美的原因。简单说,正义和智慧是人的原因,善与美是物的原因。人与物的基本差异决定了正义、智慧与善、美的差异:心智——人有心智,而物没有。正义和智慧是人正确运用心智的结果,也只有正确运用心智的人才能成为正义之人和智慧之人。相比之下,善与美不见得是运用心智的产物,比如金钱和鲜花都跟心智无关。

倘若如此,即便希琵阿斯称老派智者胡乱运用心智,他们远离政治的行为也不等于丑,毕竟按照"某人"的说法,心智关乎正义、智慧,与美丑无关。

[1] "某人"追问"什么是美(to kalon)",希琵阿斯忽略了定冠词(to),以为他问的是"什么是美的(kalon)"。换言之,在希琵阿斯眼里,美本身与美的事物没有区别。

希　这两者有分别吗？

苏　在你看来没有分别？

希　我看不出一点分别。

苏　[d10] 当然，很明显你知道得更美。不过，好人儿啊，注意啦，因为他问你的不是什么东西是美的，而是什么 [287e] 是美。[1]

[附释] 纵观整篇对话，"某人"首先以胜利者的姿态出现：起初，他显得是一个不招人喜爱的提问者，粗鄙而令人生厌。有时候，他又会同情苏格拉底，时不时提出一个建议，使讨论顺利进行下去。之后，他又成为"索弗戎尼斯科斯的儿子"，最后成了苏格拉底的"近亲"，跟他"生活在同一屋檐下"。直至对话结束，我们才恍然大悟，原来苏格拉底口中的"某人"不是别人，正是苏格拉底自己。

---

[1] 苏格拉底本来对希琵阿斯寄予厚望，可希琵阿斯没区分"美的事物"与"美"，这似乎降低了苏格拉底对希琵阿斯的期待。他对希琵阿斯的称呼从最高级"最优秀的人"降格到原级"好人"，如实地反映出这种期待的降低。

苏格拉底把自己一分为二,使可见的自己摹仿不可见的自己,这种既显现又隐藏的方式对探究美的本质似乎很有必要。接下来我们将看到,美的少女宛若女神,显示出女神模样的少女自然会隐藏少女的凡人本性。

第二场　希琵阿斯论美

最美的少女在诸神面前也丑

[题解] 美的少女就是美。这一定义体现出希琵阿斯不愿区分美的事物与美本身的立场。

"某人"采用比较的方式反驳希琵阿斯,具体分为两个步骤。首先,他依次列举了美的母马、美的里拉琴以及美的陶钵为反例,驳斥美的少女。然后,苏格拉底引用赫拉克利特的说法为希琵阿斯的定义辩护,证明最美的陶钵与少女相比也是丑的。"某人"同样援引赫拉克利特,以同样的逻辑,证明最美的少女与神相比也是丑的,从而彻底推翻了定义一。

希　我明白,好人啊,我这就回答他什么是美,我可绝不会遭到反驳。苏格拉底,听好了,若非得说实话，那么美的少女就是美。[1]

苏　［e5］还算美吧，希琵阿斯，以冥狗起誓，[2]

---

[1] 定义一不是一个语法结构完整的句子，它要么是一个省略系动词以及不定式的无人称主句——成为美的少女是美的（It is beautiful to be a beautiful maid）；要么是省略定冠词的表语句——美的少女是一种美（A beautiful maid is the beauty）。这么一个残缺不全的定义，显然不美。在希琵阿斯眼里，美的定义显然不及美的少女，毕竟他把美的知识称作其精通的诸门知识中最微不足道的一门（286e）。希琵阿斯用美的东西界定美，犯了循环论证的错误，而且他仅用了一个例子，严格来讲，这根本算不上一个定义。不过，定义一还是揭示出某种真实：活生生的少女是最原初的审美经验。这经验每个人都能切身感受到，所以希琵阿斯自信绝不会遭到反驳。

[2] 这是苏格拉底常用的誓言。关于这一誓言，有两种解释：第一，狗暗示埃及神阿努比斯（Anubis），相当于希腊神中的赫尔墨斯——负责传递和解释言辞的神，故可译作"冥狗"；第二，狗是《王制》中护卫者的象征。无论哪一种解释，都表明苏格拉底会像狗一样认真辨析、审查定义一，绝不轻易评判希琵阿斯正确。因此，苏格拉底只夸奖希琵阿斯回答得美，没有夸他回答得正确。

第二场　希琵阿斯论美

你的回答令人赞赏不已。没有别的要补充了吧？假如我这样回答，[288a] 我回答得还算正确，不算答非所问，恐怕不会遭到反驳了吧？

希　苏格拉底，所有人都这样认为，所有听了的人都证明你说得对，你怎么会遭反驳呢？[1]

苏　[a5] 嗯，的确如此。接招吧，希琵阿斯！我把你所说的话当作我自己说的。他也许会这样问我："来，苏格拉底呀，回答我。所有你说的这些美的东西，只有在美本身是什么的情况下，这些东西才可能是美的？"

可我真的该说，美的少女就是美，就是她，使得这些东西都成其为美的吗？[2]

1　两次提到"所有人"，说明希琵阿斯十分重视大众的意见，其重视程度甚至超过重视真理，毕竟希琵阿斯渴望的金钱和掌声皆源自大众。

2　希琵阿斯与"某人"几乎不直接交谈，除了287d4，他俩的对话无不以苏格拉底为传声筒——苏格拉底一边以"某人"的口吻挑战希琵阿斯，一边用希琵阿斯的定义回答"某人"的问题。苏格拉底重申了之前一致同意的结论——美是美的事物的原因。为了强调这一点，他

希 [288b]那你认为,他仍在着手反驳你,因为你所说的是不美的,又或者,如果他这样打算,就不怕成为笑柄吗?[1]

苏 他会这样着手的,神奇的人儿啊,我太了解了!然而,[b5]他这样着手是否可笑,则要看他着手的结果。当然,至于他会问什么,我愿意告诉你。[2]

希 说吧。

苏 "你真'可爱'," 他会说,"苏格拉底!难道一匹美的母马就不是美的吗?就连神都曾在他的神

第二次使用"美本身"这一表述,因为美的少女显然不可能是母马、里拉琴、陶钵美的原因。

[1] 希琵阿斯依然没有意识到美与正确可能会有区别,所以他坚持自己固有的逻辑:美的说法是正确的说法,反驳美的说法不仅是错误的,而且丑陋,因而可笑。

[2] "神奇的人"这称呼乍看显得突兀,但纵观苏格拉底对希琵阿斯的称呼,从最高级的"最优秀的人"到原级的"好人"再到中性的"神奇的人",赞美程度依次递减,说明定义一越来越难说服苏格拉底,从而为接下来的反驳准备好了铺垫。如果没有称呼上的变化,突然反驳"最优秀的人"才会显得突兀。

谕中称赞过母马。"[1]

[288c] 我们该说什么呢,希琵阿斯?我们除了说母马是一种美[的东西],至少美的母马[是美的],还有别的[选择]吗?我们怎敢否认,称美是不美的?

希　你说得对,苏格拉底;[c5]神这样说肯定是正确的;因为在我们那个地方就养育了许多美得不得了的母马。[2]

---

[1] 据说这是阿波罗回答麦加拉人的神谕。麦加拉人问阿波罗谁比他们更优秀,阿波罗的回答是:"在大地上,阿尔戈斯的希腊土人,忒腊克(Thrace,旧译"色雷斯")的牝马和拉刻岱蒙的女人比你们更优秀。"

马是高贵的象征,多出现于战争或竞赛等场合。但"某人"没有举战马或赛马等更常见的文学形象,而是以母马为例,或许是为了体现母马在繁育骏马方面的美。这反过来揭示出少女之美的一个重要方面——少女激发人们的爱欲。

[2] 希琵阿斯是厄利斯人,厄利斯以产马著名。希琵阿斯认同神谕的说法,并非出于虔敬的缘故,而是因为他的家乡厄利斯生产骏马,他想必亲眼见过这些活生生的、美丽的母马。智术师的新派教育相信眼见为实的证据胜过道听途说——即便是神谕。希琵阿斯不反对神谕,他只不

苏 "那好,"他会说,"那美的里拉琴呢?它不也是一种美吗?"我们该这样说吗,希琵阿斯?

希 该。[1]

苏 于是,他会一直问下去,我太了解他了,从他的性格我就可以推断出来,他会问:"你这最好的人呀,那美的陶钵呢?它不也是一种美吗?"[2]

过为神谕补充了经验性证据。诸神的说法当然正确,但其正确性需要人的经验去验证,人才是衡量美丑的尺度。

1 里拉琴(lyre)的例子决定性地扭转了定义一的方向:少女和母马都有生命,这二者的美都蕴含了在美中孕生。里拉琴是演奏古希腊音乐的一种拨弦乐器,共有四根弦,属于无生命的人造物。它的美只能从外观或演奏的功用来评价,体现在里拉琴的造型或弹奏出的乐音上。少女之美隐藏的爱欲成分刚刚被母马的例子掀起一角,然后马上被里拉琴遮住。从此以后,整篇对话罕见地对美与爱欲的关系保持缄默。此外,希琵阿斯也没有像上一次那样非常热烈地响应"某人",他的赞同显得有些勉强。

2 陶钵是一种又大又圆的容器,主要用于日常生活中的烹饪和装盘,盛装食物或葡萄酒。饮食是人最基本的生理需求,是维持生命的必要手段,但盛装饮食的陶钵却不是人的基本需求。定义一一共举了四个例子,这四个例子都是阴性名词。

第二场　希琵阿斯论美

希　[288d] 苏格拉底,这家伙是谁? 真不像话,竟敢在庄重的场合出言不逊![1]

苏　他就是这么个人,希琵阿斯,非但不风雅,反倒粗鄙得很,[d5] 除了为真理而思,其他什么都不关心。可尽管如此,还是得回答这位男子汉的问题,我来抛砖引玉吧![2]

在《王制》中,为了探究正义的起源,苏格拉底曾构想出一个健康而真实的城邦。这座城邦能够满足人们最低限度的生存需要,城邦里的城邦民不用陶钵盛装食物,而是把食物放在"麦秆和干净的树叶上"(372b)。

[1]　"出言不逊"(phaula onomata onomazein)直译为"提及如此粗鄙的名称"。希琵阿斯反感的不是陶钵,而是提及陶钵的名称。陶钵便宜又常见,不会成为赞扬的对象,正因为如此,谈论陶钵才丑。"某人"出言不逊,使希琵阿斯心生反感,并开始在意这人的身份。

[2]　苏格拉底没有直接回答希琵阿斯的问题,他没有透露"某人"的真实身份。他进一步描述了"某人"的性格特征,并强调这人只关心真理,根本不在意用词是否得体。如此看来,"某人"显得像一位哲人。作为对比,苏格拉底除了关心真理,还要顾及其他东西。比如,他很在意自己说话的语气是否得体、周全,否则他与希琵阿斯的对话不可能进行下去。

若这陶钵真是出一位优秀的陶匠烧制而成，光滑圆润，而且又烘烤得漂亮，就像那些个漂亮的双耳柄钵，那些个容量六库司、美得不得了的陶钵，如果他问的是这种［288e］陶钵，我们不得不承认，这种陶钵是美的。[1] 因为我们怎么可以称一个本来就是美的东西是不美的呢？

希　绝不可以，苏格拉底。[2]

苏　那他会说："一个美的陶钵不也是一种美吗？［e5］回答我。"

希　确实如此，苏格拉底，在我看来；这种家什只要制作精良，也是美的。但总的说来，跟母马的美、少女的美以及所有其他东西的美相比，这玩意儿完全不值一提。[3]

---

[1]　库司是古希腊的液量单位，每库司约合 3.36 公升。"光滑""圆润""双耳柄"是判断陶钵美不美的标准，但这些标准明显不适用于少女、母马或里拉琴。美因此具有了多元的评判标准。

[2]　希琵阿斯不肯承认陶钵的美，他只同意苏格拉底最后的结论——绝不可以把美的东西说成不美的。

[3]　在"某人"的逼问下，希琵阿斯有所妥协：一方

苏　[289a]那我懂了,希琵阿斯,应当这样反驳他,要是他提出这些问题的话。"你这家伙啊,你不知道吧,赫拉克利特有句话说得好,[1]最美的猴子[a5]与人的族类相比也是丑的,最美的陶钵与少女相比也是丑的,正如聪明的希琵阿斯所说。"不是吗,希琵阿斯?[2]

面他承认制作精良的陶钵也美;另一方面,他引入了比较的视野,坚持陶钵之美不及少女之美。尽管美的事物各美其美,但相互间仍然具有可比性。这意味着在多元化的审美标准之上还有一个一元化的统一标准,而按照这个统一标准来评价,陶钵之美完全不值一提。

1　苏格拉底察觉到希琵阿斯言语间透露出的相对主义底色,遂引用相对主义的祖师爷赫拉克利特的观点为其辩护。

赫拉克利特(Heracleitus)是公元前五世纪初的自然哲人,主张火为万物之源,世界是常在流动的。

2　比较的视野提供了一个评价美的全新标准。因为,当我们评价陶钵美不美时,我们不会根据里拉琴的尺度来评价陶钵的美丑。各美其美拒绝比较的视野。希琵阿斯说陶钵跟少女相比,它的美不值一提。这时,他不再用陶钵的标准来评价陶钵的美丑了。美自成为一个独立的评价标准,用以衡量万物。正是凭借这一比较的视野,希琵阿斯理直气壮地否认古人的智慧。

希　当然，苏格拉底，你回答得正确。

苏　听着。[1] 因为我很清楚，接下来他会这样说："然后呢，苏格拉底呀？倘若有人将少女一类同诸神一类〔289b〕相比较，不就相当于拿陶钵一类与少女一类相比较吗？最美的少女不也显得丑吗？你提到赫拉克利特，他不也说过，'最智慧的凡人与天神相比，〔b5〕在智慧、美丽（kallei）和所有其他方面都显得不过是只猴子'？"[2]

---

[1] 这段话可分为前后两部分。前半句是"某人"告诉苏格拉底，后半句是苏格拉底告诉希琵阿斯。

[2] kallos〔美丽〕是阿提卡方言，只具审美含义，没有道德含义。kallos 在对话中一共出现过 4 次，另外 3 次分别是 291b，292d，294a。

定义一两次引用赫拉克利特，第一次是为希琵阿斯辩护，第二次是反驳希琵阿斯。二者并不冲突，因为矛盾的对立统一本来就是赫拉克利特教诲的特征。

前半句表明，"某人"同样熟悉赫拉克利特的箴言诗。这句诗在"智慧"之外还提到了"美丽"，扩大了比较的内涵，同时还延续了人与猴子的比较视野。但由于更换了比较的对象，原本用于证明人的美丽的比较视野被反过来证明人的丑陋。

我们要不要承认,[1] 希琵阿斯,最美的少女在诸神一类面前也是丑的?[2]

希　是的,谁敢否认这一点,苏格拉底?[3]

苏　[289c] 那么,我们要是同意这些的话,他会大笑着说:"苏格拉底呀,你还记得我的问题吗?"我说:"你问我美本身到底是什么。"他会说:"我问美于你,而你的回答,如你本人所说,[c5]

才貌双全的今人希琵阿斯在"智慧"与"美丽"的问题上不得不倚仗古人赫拉克利特的智慧,这不禁令人好奇:第一,希琵阿斯的智慧在赫拉克利特的智慧面前,是否就像少女的美在天神的美面前那样,显得像一只猴子?第二,"智慧进步论"是否无条件成立?

1　在后半句中,苏格拉底用"我们"称呼自己和希琵阿斯,仿佛与希琵阿斯站在同一战线上,齐心协力抵御"某人"凌厉的反击。

2　既然天神的美使其他一切美的事物都显得丑,那么天神就不是美的事物之所以美的原因。美应当是某种使美的事物显得美的东西。

3　希琵阿斯认为天神比少女更美,不是因为他被赫拉克利特的相对主义原则所说服,而是因为他认同人们"不敢否认"的共识,他把多数人的意见视作真理。

美并不比丑更美。"我说："好像是。"或者，朋友啊，你教教我该说什么？

希　像刚才那样，因为与诸神相比，人类不美，他说得对。

苏　"假如我原先问你的是，"他会说，"什么是[289d] 美的和丑的，你像现在这样回答，就回答得很正确，不是吗？可美本身有这么一种属性，其他所有事物只有经过它的点缀，才会显得美，只要附着上那个样子（eidos），[1] 在你看来，这种美依旧是少女、母马或者里拉琴吗？"[2]

1　eidos 是柏拉图哲学中最重要的概念之一，但在柏拉图以前，它不过是古希腊人的日常词汇。在荷马、赫西俄德笔下，eidos 表示人或动物的可见外观，与内在品质相对应。从希罗多德开始，eidos 逐渐具有"类"的含义。经柏拉图改造，eidos［样式］才成了抽象的哲学概念"理式"。另外，柏拉图从未使用过"理式论"这个哲学术语，"理式论"实际上出自亚里士多德《形而上学》1078b12。eidos 一共在对话中出现过两次（289d, 298b），这是 eidos 第一次出现，也是美首次作为一种 eidos 出现。

2　"某人"的重述确证了美的如下特征。第一，美是自成一类、有别于其他事物的实体。美有自己单独的样式。

[附释] 希琵阿斯在评价少女、母马、里拉琴、陶钵之美时，分别采用了不同的标准，反映出希琵阿斯对美的理解带有相对主义的色彩。结果"某人"借助赫拉克利特，证明即便以相对主义的标准，最美的少女在神明面前也显得丑，成功驳倒了定义一。

不过，"某人"并未得出"美的神明就是美"的结论。因为他随即补充一个原则，美能够使任何事物显得美，而赫拉克利特证明，神并未使猴子，甚至少女显得更美，反而令其显得更丑。这个补充原则悄然改变了探究的方向，定义二也将围绕这一原则重新展开。

美的样式取代美本身成为最新的表述方式。自成一类的美不是一种只在比较时才会起作用的属性，它本身就是一个独立存在的实体，所有其他事物必须以某种方式获得外在于自身的这种样式，才会显得美。

第二，美是一种特殊的原因：只有当美附着在其他事物之上时，其他事物才会显得美。反之，如果没有被美附着其上，就算是诸神也不会显得美。

挑战斐迪阿斯

[题解] 希琵阿斯从定义一的失败中汲取教训,重新将美界定为黄金:任何事物一经黄金点缀,立马显得美。"某人"说这个定义无异于挑战斐迪阿斯的权威,因为斐迪阿斯并未用黄金制作雅典娜女神像的五官与四肢。一向从众的希琵阿斯不愿背负冒犯斐迪阿斯之名,不得不承认,只要合适,象牙和石头也可以显得美。这样,合适便取代黄金,成为美。定义二失败了,而希琵阿斯与"某人"之间的火药味,也越来越浓……

希 [d5] 那么,苏格拉底,如果这就是他所寻求的,那么回答他什么是美,就是所有事物中最容易的。美点缀所有其他的东西,任何东西一旦镶上它,都显得美。[1]

---

1 定义二的内容一共有四句,逻辑非常清晰:第一句复述了"某人"的要求;第二句嘲笑"某人"其实对美一无所知;第三句将美界定为黄金;第四句解释如此定义的理由。

[289e] 这家伙太过幼稚，他根本不了解关于种种美的宝贝。¹ 因为如果你告诉他，他所问的美不是别的，就是黄金，他定会无话可说，无法着手反驳你。

因为，我们都知道，任何东西一旦 [e5] 镶上这玩意儿，纵然先前显得丑，一经黄金点缀，立马

第一句：希琵阿斯复述保留了三个关键词 cosmein [点缀]，prosgignesthai [附着，镶嵌]，phainesthai [显得]。这三个关键词都是动词，它们在第一句话和第四句话中无一例外都得到了保留，而且在"某人"与希琵阿斯的一问一答间连续出现了三次。这说明它们对于理解美的样式具有规定性的意义。不过，希琵阿斯的复述有一处关键改动，他用反称代词 autō [它] 取代了 eidos [样式]，坚持不肯谈论美的样式。

1　希琵阿斯罕见地嘲笑"某人"，我们发现，他坚持从实体出发理解美，不肯谈论样式，是因为他不认为样式是美的，因为美的样式犹如美的知识，不值一提，只有实实在在的物品才美。

宝贝（ktēmatōn）本义为珍贵的物品，复数形式多指财富，包括牛羊一类的动产和田地一类的不动产。如果说黄金是最宝贵的物品，那么希琵阿斯嘲笑"某人"不了解美的宝贝，无异于嘲笑他不认识黄金（财富）的价值。

显得美了。[1]

苏　你还不了解这位男子汉，希琵阿斯，他从不畏缩，从不轻易接受任何东西。[2]

希　怎么回事，苏格拉底？他必须得接受[290a]正确的说法，否则他将成为笑柄。[3]

---

[1]　如果黄金就是美，那定义二无疑证明，智慧的标志确实在于赚最多的钱。不过，希琵阿斯没有提及黄金作为钱币或等价交换物的功能，反而强调了黄金的审美功能。他从字面含义理解"某人"的规定，即丑的东西一经黄金点缀，就显得美观。既然天神使美的少女乃至一切美的东西显得丑，那么任何东西一经黄金点缀，都会显得美。定义二是对定义一的拨乱反正。

与此同时，黄金又悄然恢复了美与诸神的联系，我们马上会看到，定义二的第一个例子即由黄金打造的雅典娜女神像。

[2]　苏格拉底对定义二不置可否，只是提醒希琵阿斯，"某人"恐怕不会接受这个回答。作为对比，苏格拉底称赞定义一回答得漂亮又妥帖（288a），定义三则令人惊叹，气势恢宏（291e）。

[3]　正如定义一，希琵阿斯再次拒绝"某人"的反驳，他第二次说若"某人"执意如此，必将沦为笑柄。希琵阿斯关于美与笑柄的对立看法至今尚未动摇。

苏　至于这个回答嘛,最优秀的人儿啊,他不仅不会接受,而且肯定会嘲讽我。[1]

他会说:[a5]"你这个骗子啊,你认为斐迪阿斯是位糟糕的工匠吗?"[2] 我想我会说没这回事。

希　你说得还算正确,苏格拉底。[3]

苏　当然正确,因此,一旦我同意斐迪阿斯是位优秀的工匠,[290b]那人就会说:"莫非你认为

---

[1] 苏格拉底很是顾及希琵阿斯的感受:他先是复用"最优秀的人"称呼希琵阿斯,然后又主动把嘲笑的对象揽到自己身上,以免希琵阿斯沦为笑柄。

[2] 斐迪阿斯(Pheidias,约公元前490-430年),雅典人,著名雕刻师。他曾在伯里克勒斯的鼎力支持下,主持修建帕特农神庙,其中最令人惊叹的雅典娜女神像即出自他手。

公元前432年,他被控贪污了建筑公款,之后便逃亡到希琵阿斯的家乡厄利斯。对斐迪阿斯的指控有可能牵涉到雅典的党争,毕竟他与伯里克勒斯过从甚密。

[3] 先前希琵阿斯已然同意,智术师和雕刻师的技艺均取得了巨大的进步。这意味着他肯定认为,斐迪阿斯比代达洛斯更聪明,斐迪阿斯的作品也将比代达洛斯的作品更美。

斐迪阿斯不懂得你所说的这种美?"

我说:"何以见得?"

"因为,"他说,"斐迪阿斯在雕刻雅典娜[女神像]时,[1] 没有用黄金来造她的眼,或她的脸,或她的脚,或她的手,[b5] 若黄金必然显得是最美的话,就非用黄金不可,可他用的却是象牙。[2] 很明

1　斐迪阿斯制作的雅典娜女神像身高 12 米,位于著名的帕特农神庙内。帕特农(pathenon)意为"少女",据说是雅典娜的别名。

修昔底德笔下的伯里克勒斯曾提到过雅典娜女神像。在伯里克勒斯口中,黄金绝非点缀女神像的装饰,而是雅典城的财政储备:"雅典娜女神像上有 40 塔兰同精炼过的金子,都是可以取下来的;危急关头可以使用。"参见《伯罗奔半岛战争史》2.13.5。

由此可见,黄金蕴含着打造雅典帝国的美的事业。帝国需要靠战争取得,而战争的胜利既靠智谋,又靠钱财的储备。

2　选择象牙是出于审美的考虑——象牙比黄金更能满足"肤如凝脂"的标准。雅典娜是不可见的天神,斐迪阿斯在制作雅典娜的神像时,不得不参照美的少女的标准。这样,女神之美也需要通过少女之美来展现。

显，他是因为无知才犯错的，他不知道，一镶上黄金，便可造就万物的美。"[1]

要是他这样说，我们应当如何回答他，希琵阿斯？

希 [290c] 易如反掌。我们会说，[斐迪阿斯] 造得对。因为我认为，象牙也是美的。[2]

苏 "那又是为什么，"他会说，"斐迪阿斯不用象牙，反而用石头造雅典娜的眼珠子呢，[c5] 他发现石头配象牙相得益彰，或者美的石头也是美的？"

1　"某人"的表述相比希琵阿斯又有变化："点缀"不再被提及，"镶嵌"保留了下来，而"显得"被"造就"（poion）取代。黄金作为美的原因，其作用被强化了。因为，黄金不仅能使事物显得美，更能把事物造就为美的事物。此举是为了反衬斐迪阿斯的无知。

"造就"与"显得"的区分在定义四中将成为双方辩论的关键。

2　希琵阿斯不愿承认斐迪阿斯无知，他也不认为象牙与定义二相悖。黄金之美，美在其装饰功能——它能让它所点缀的事物显得美。象牙也有此功能。另外，黄金和象牙本身都价值不菲，作为谈资或演说中的题材，都很完美。

我们要这样说吗,希琵阿斯?

希　我们当然得这样说,至少当石头合适时。[1]

苏　"那一旦不合适,就是丑喽?"我该不该承认呢?[2]

---

[1] 石头之美与陶钵之美在逻辑上如出一辙,但希琵阿斯并未勃然大怒,很大程度上是因为用石头作眼珠是斐迪阿斯的选择。希琵阿斯尊重当代雕刻师的智慧,一如他自信当代智术师的智慧远胜过古代智术师。因此,当石头的例子使得黄金、象牙的逻辑失效时,希琵阿斯为之补充了一个新的解释:当石头适合作眼珠时,它便是美的。换言之,石头本身不见得美,可只要把石头打磨光滑,镶嵌到眼窝的位置,点缀雕像,整个女神像都会显得美。这种画龙点睛的美显然不是由石头造就的,而是靠"合适"。希琵阿斯无意中把握到了"某人"对美的规定,尽管他本人并未意识到这一点。

苏格拉底曾在《王制》中解释过为什么雕像的眼睛不造成紫色而要造成黑色:"请你仔细观察我们是否加上了与各个部分相称的颜料,美化了整体。"(420d)同理,选择石头而非黄金抑或象牙制作眼睛,是因为石头是更合适的材质。

[2] 就眼睛而言,合不合适的标准在于像不像,如果把眼睛造得不像眼睛,显然很丑。

希　你得承认，至少当石头不合适时。[1]

苏　[290d]"那象牙和黄金呢？"他说，"你这聪明的家伙呀，难道不是只有在合适的时候，才造就事物显得美，在不合适的时候，造就事物显得丑吗？"我们要否认呢，还是要承认他说得对？

希　[d5]我们至少应该承认，只要对于每件事物是合适的，那么它就造就每件事物的美。[2]

苏　"那么哪一个才合适呢，"他会说，"若有人用我们刚才谈论的陶钵——漂亮的陶钵——烹饪满满一钵美味的汤肴，哪一个更合适呢，是金勺还是无花果木勺？"[3]

---

[1] 苏格拉底在这一回合不再使用"我们"，请希琵阿斯仅仅考虑为他个人，应当如何回答。希琵阿斯似乎察觉到这一推论所带来的危险，所以他希望将不合适的情形限定在石头的范围内。

[2] 希琵阿斯并未正确领会"某人"的观点。"某人"的意思明明是"合适使事物显得（phainesthai）美"，希琵阿斯直接忽略了"显得"，这表明，在他看来，显得美和美是一回事，正如美的事物与美本身是一回事。

[3] 比较级首次在对话中出现。定义一虽然也比较了人类与猴子、少女与天神，却是用一方的最高级跟另一方的原级比较。

希　［d10］赫拉克勒斯啊！你说的这家伙简直……苏格拉底！你不［290e］打算告诉我他是谁吗？[1]

"某人"虽然举了两个有关"合适"的例子，但木勺的合适与石头眼睛的合适在具体内涵上完全不同。首先，人们称石头适合做眼睛，是因为用石头制作的眼睛更像少女的眼睛；而人们称木勺适合，是因为木勺更方便进食。其次，在制作眼睛方面，黄金、象牙与石头的区别是不合适与合适的区别；而在制作勺子方面，金勺与木勺的区别是合适与更合适的区别。由此我们可以说，黄金眼和象牙眼不合适，意味着它们丑，而金勺不合适，不意味着它丑。

[1]　"赫拉克勒斯"是谐剧中常见的骂人话。"某人"突然提及了一个比陶钵更加低俗的东西——无花果木勺，无怪乎希琵阿斯会破口大骂。

无花果树是阿提卡最常见的植被，这种树的木材不值钱，燃烧时产生的烟十分呛人。阿提卡谐剧常使用"像无花果树的人"比喻那种不中用的人。此外，汤肴也是谐剧中的常见元素。希琵阿斯的愤怒情有可原，因为把崇高的女神与低俗的汤肴相提并论很不合适。而不合适，恰恰是谐剧制造笑声的主要伎俩。

苏　不，因为就算我告诉你他的名字，你也不认识他。

希　至少现在，我知道他是个无知的家伙。[1]

苏　他是个讨厌鬼，希琵阿斯。不管如何，[e5]我们怎么回应呢？这两个汤勺中的哪一个适合汤肴和陶钵？

显然，不就是无花果木勺吗？因为无花果木勺可以增加汤肴的香味。而且，友伴啊，无花果木勺还不至于打碎陶钵，把汤洒掉，不会把火弄灭，无花果木勺不会使那些期待享受美食的人们得不到盛情的款待。[2]相比之下，那金勺就难免有全部这些危险，以至于在我[291a]看来，我们的无花果木勺

---

[1]　从谐剧的角度看，希琵阿斯虽然不知道"某人"其实就是苏格拉底，但他却歪打正着地把握住了苏格拉底的一个显著特征——无知。苏格拉底常常自称无知，不过他的无知实际上是一种"无知之知"。参见《苏格拉底的申辩》20c以下。

[2]　在希琵阿斯看来，陶钵、汤肴、无花果木都很低贱，这些事物虽然能成为谐剧的谈论对象，但谈论它们并不高贵。相反，谈论黄金、象牙，则能使一篇演说变得更漂亮。

比金勺显得更合适,除非你还有别的意见。[1]

希　确实[木勺]更合适,苏格拉底。不过,我可不会跟这家伙交谈,他竟然提出这样的问题。[2]

苏　[a5]对呀,朋友,因为满嘴这种粗言秽语对你来说不合适。你衣着如此光鲜,又穿着漂亮的鞋子,全希腊都钦佩你的智慧。不过,我跟这家伙[291b]搅在一起就没什么麻烦。[3]

---

[1]　黄金、石头、无花果木反映出美的三种不同意涵:第一,黄金本身就极具价值,镶嵌在其他事物上时也能提升其价值,使其显得美;第二,作为整体中的一个部分,比如人的眼睛,石头比黄金更合适,也更美观;第三,作为某种有着特定用途的工具,比如进餐用的勺子,木勺比金勺更合适,因而更实用。

[2]　"某人"提出了无花果木勺的例子,但向希琵阿斯解释为什么无花果木勺更合适的却是苏格拉底。由于希琵阿斯不愿意跟"某人"这样低俗的人交谈,苏格拉底只好充当二人之间的传话筒。苏格拉底成功地使希琵阿斯看到,美这东西不可能在任何地方让任何东西显得丑,从而为定义三做好了铺垫。

[3]　希琵阿斯仿佛一把金勺,他虽然打扮得很漂亮,

因此，先教我两招，算是为我着想，就回答吧！"假如无花果木勺比金勺更合适，"这家伙会说，"那无花果木勺岂不是更美丽（kalliōn）？苏格拉底呀，既然你同意，合适［b5］比不合适的更美丽。"我们应该赞同这一点吗，希琵阿斯，即无花果木勺比金勺更美？[1]

希　你希望我告诉你，苏格拉底，说明什么是美，以便你把自己从纷繁的论证中解脱出来？

苏　［291c］正是如此；不过在这之前你得告诉我，在两只汤勺中，我应该回答哪一个更合适，而且更美。

而且又富有智慧，可面对像陶钵、汤肴一样低俗的"某人"时，他的智慧却显得并不那么合适。

[1] 苏格拉底虽然同意，合适的是美的，不合适的是丑的，但是，这一观点是从雕像眼睛的例子中归纳出来的，仅具有或然性，不具有必然性。"某人"由此推论，合适的比不合适的更美丽，并根据这一推论得出结论，无花果木勺比金勺更美。由于前提不具有必然性，结论当然也不具有必然性。此外，木勺更合适，是指木勺更实用，绝非更美丽。

希　如果你愿意的话，回答他用无花果木 [c5] 造的勺子。[1]

[附释] 金勺不如木勺。至此，希琵阿斯实际上已经亲手推翻了定义二。与定义一相比，定义二的重心已经从事物的本体转向事物的属性。他们一度有机会接近真相——希琵阿斯承认，只要合适，象牙和石头都显得美。"合适"是连接本体与属性的关键，如果美是合适，希琵阿斯便有机会完成苏格拉底交给他的任务。可惜的是，希琵阿斯对美的事物过于执着，对丑的事物又过于抗拒，未能仔细审查"合适"的具体意涵，直到定义四，"某人"才重新捡起这个话题。

---

[1] 希琵阿斯被迫接受了木勺更美的结论，因为整个推理过程在逻辑上完全正确。他必须得接受正确的说法，否则将成为笑柄（290a）。无论谁成了笑柄，他都不再显得美了。希琵阿斯对变丑的抗拒使他轻易放过了推理前提。

美而隆重的葬礼

[题解] 希琵阿斯在定义三中描述了一种"死得光荣"的幸福生活,试图呈现一种在任何时候,任何地方,对任何人来说都不会显得丑的美。这种美跟安葬父母,以及被子女安葬有关。然而,英雄不可能安葬双亲,不死的诸神更不可能被子女安葬。如此定义美不仅显得渎神,而且不义,甚至有可能受到"某人"正义的惩罚。

"某人"批评希琵阿斯和苏格拉底,他们犹如石头,听不进劝导,以至于老是唱跑调,找不准探究美的正确方向。看样子,似乎希琵阿斯也不是"某人"的对手。

苏　那现在讲一讲你刚才打算说的吧。因为根据你的回答,若我说美就是黄金,在我看来,黄金并不比无花果木显得更美。[1]不过这次,你又要说美

---

[1] 苏格拉底的推论带有智术师的诡辩色彩:a. 无花

是什么?

希　[291d] 我来告诉你。因为依我看,你寻求回答的是,美是这么一种东西,无论在何时、对何人、在何地,都不会显得丑。[1]

苏　正是如此,希琵阿斯,这回你很漂亮地抓住了我的意思。

希　[d5] 听好,若有人能够反驳,你就可以这样宣布,我无论在哪方面都外行。

苏　快说吧,当着诸神的面。[2]

果木勺比金勺更合适; b. 无花果木勺比金勺更美; c. 无花果木比黄金更美。a不是b的充分条件,b也不是c的充分条件。这番推理成立的前提,取决于希琵阿斯的同意。这种同意的根源在于,多数人不习惯准确地使用语词(284e),而希琵阿斯自始至终都选择站在多数人一边。

[1]　这番说法旨在克服前两次定义的弊病:少女虽然对大多数人都显得美,对诸神而言则丑;黄金虽然在许多地方都显得美,但在做眼珠或汤勺时,却丑。不过,前两次定义没有处理"何时"的问题,这也将成为定义三的新内容。

[2]　美的少女在天神面前显得丑,黄金不适合充当女神像的眼珠,前两次定义均未通过诸神的检验。言下之意,定义三若要成立,必须经得起诸神的检验。

希 我认为，在任何时候，对所有人来说，在任何地方，最美的是［d10］对于一位男子汉来说，富裕、健康，深受希腊人爱戴，长命到老，在他的父母临终后替他们风光地［291e］料理后事，死后由子女替自己举行漂亮而隆重的葬礼。[1]

苏 好哇，好哇，希琵阿斯！你说得还真是令

---

[1] 希琵阿斯在定义一中谈论了"美的事物"，在定义二中提及"更美的事物"，定义三则开门见山地界定了"最美的事物"。希琵阿斯的每一个新定义都有所推进，有针对性地调整之前定义的缺陷。在他看来，这三次定义在审美方面呈现出一种升序结构。因此，希琵阿斯自信定义三绝不会遭人反驳，否则他就承认自己一窍不通。

定义三给人的印象是对幸福生活的描述，它由七个不同的要素构成。其中，第一个要素"男子汉"是名词，另外六个要素皆由动词构成，除了"举行葬礼"是不定式，剩余五个动词都是分词。所以从语法上看，定义三的主干是"死后由子女风光大葬的男子汉最美"。

定义三将美与人的完整一生联系在一起，这不由得令人想起梭伦的幸福观：一个人能否加上幸福的头衔，要看过他的结尾才知道。参见希罗多德《原史》1.30-32。

人惊叹，气势恢宏，配得上你本人！以赫拉起誓，[1] 我要赞扬你，[e5] 在我看来，你在好心好意、尽心尽力地帮助我。可即使如此，我们还是没打倒那位男子汉。如今，他将大大地嘲笑我们，你要知道。

希　无非是胆怯的笑罢了，苏格拉底。如果在这一说法面前，他无话可说，只能一笑了之，那么他嘲笑的将是他自己，[292a] 而且他还将被那些在场的人嘲笑。[2]

苏　或许是这样。或许，至少就这个回答而言，

1　苏格拉底第二次以赫拉之名赞扬希琵阿斯，实则明褒暗贬，因为定义三只对男人显得美，并未将女人包括在内。

伯纳德特在《美之在》中指出，这七个要素从否定的方面来讲，对一个女人而言，所有事情中最丑的莫过于贫病交加，毫无尊荣，芳华早逝，不能安葬死去的爹娘，也无子嗣为她送终。由此看来，希琵阿斯完全否认了安提戈涅的美与高贵。

2　希琵阿斯在每一次定义开头都声称，若"某人"胆敢反驳他的定义，定会沦为笑柄。可惜每次沦为笑柄的都是希琵阿斯。

我断言,恐怕就不仅仅引起嘲笑了。[1]

希　[a5] 还会引起什么?

苏　要是他碰巧有根棍子,而我又跑不出他的手掌心的话,那么他极有可能动手抽我一顿。[2]

希　你说什么?这家伙是你的什么主子吗?他这样做,就不会被抓起来,吃官司?还是说 [292b]

1　"嘲笑"或"笑"在这一回合的对话中共出现了五次,并成为双方争论的焦点:到底谁会因定义三招致嘲笑?从嘲笑的成因来看,二人的嘲笑皆显示出自己凌驾于对方的某种优越性,同时还揭示出对方的某种短处。差别在于,"某人"嘲笑希琵阿斯,因为定义三并不满足"无论在何时、对何人、在何地,都不会显得丑"的条件,在逻辑上自相矛盾;希琵阿斯反过来嘲笑"某人",因为这代表了大众的流行看法。"某人"与希琵阿斯的依据存在知识与意见的分野。

2　嘲笑的对象对应审美范畴中的丑,而鞭打的对象对应着政治范畴中的违法。这意味着定义三不仅不美,而且不义。

用棍子打人是阿提卡谐剧中屡见不鲜的主题,参见阿里斯托芬《云》第 1321 行以下,以及比较奥德修斯鞭打特尔西特斯,参见荷马《伊利亚特》2.188 以下。

你的城邦不公正,反而允许邦民们以不义的方式相互殴打?[1]

苏　城邦决不允许这样。[2]

希　那至少当他以不义的方式打你时,他就该受到惩罚。

苏　[b5] 在我看来并非如此,希琵阿斯,并非以不义的方式,如果非要我这样回答,他毋宁是以正义的方式,至少在我看来如此。

希　那么,依我看,苏格拉底,只不过是你自

---

[1] 所谓美的问题并非单纯的审美问题,它竟然牵涉到正义,这让希琵阿斯感到不可思议。

希琵阿斯设想了三种鞭打的情形:第一,基于主奴关系的正义鞭打;第二,不被城邦允许的不义鞭打;第三,被城邦允许的不义鞭打。他没有考虑到第四种情形:渎神的正义鞭打,它比第一种情况更加名正言顺。

[2] 苏格拉底只否认了第三种情况。换言之,他默认了前两种情况:首先,正如灵魂是身体的主人,"某人"在一定意义上也有可能是苏格拉底的主人;其次,鞭打苏格拉底不违法,因为定义三具有渎神性质,惩罚渎神者乃正义之举。关于苏格拉底渎神的指控,参见《苏格拉底的申辩》26b-28a;色诺芬《回忆苏格拉底》1.1.1-20。

己这样认为罢了。[1]

苏　我可不可以告诉你,为什么我认为自己会遭到正义的鞭打,[b10] 如果非要我像刚才那样回答?你会因为我不分是非而鞭打我吗,还是你会听我解释?

希　[292c] 如果我不接受[你的解释]的话,苏格拉底,这就太可怕了。可你要说什么呢?

苏　我来告诉你,就用刚才那种方式,我来摹仿那人,以免我向你讲那人对我讲过的那些不三不四、唐突冒昧的话。听好了![2]

1　希琵阿斯没有预料到定义三居然是惩罚的根源。在他看来,美的言辞只可能遭受不义的惩罚,绝不会遭受正义的惩罚。这一方面显示出希琵阿斯对定义三的自信,另一方面则反映出他缺乏自我反思的动力。

2　"某人"在反驳定义一和定义二的过程中招致了希琵阿斯的不满,因此,苏格拉底特别谨慎,虚构出一段"对话中的对话"(a dialogue within a dialogue)。

这段"对话中的对话"以"苏格拉底"的呼格开头,以"希琵阿斯"的呼格结尾,很明显,苏格拉底顶替希琵阿斯站在这个接受批评的尴尬位置。这样做是一项体贴的礼貌之举,但它的作用是教训希琵阿斯。

[c5] "告诉我,"他说,"苏格拉底,你认为你是遭受了不义的鞭打吗,当你答非所问时,犹如唱酒神颂跑调了一般?"[1]

"这从何说起?"我说。

"从何说起?"他说,"你难道不记得我的问题了吗?我问的是美本身,[292d] 它附着在任何事物上,都使那一事物是美的,不管它是一块石头、一截木头、一个凡人、一位天神还是所有的行为和所有的知识。[2] 至于

---

[1] 酒神颂(dithyrambon)指赞美酒神狄俄尼索斯的合唱抒情诗。柏拉图认为酒神颂"与狄俄尼索斯的诞生有关"。公元前六世纪,酒神颂成为一种独立的文学类型,品达、西蒙尼德等抒情诗人都创作过酒神颂。公元前五世纪,酒神颂的品质发生了重大变化,音乐旋律反客为主,渐渐变得比词句更为重要,演唱风格也变得日益浮夸,阿里斯托芬曾讽刺过这种败坏的酒神颂,他称创作酒神颂的诗人"在天上寻觅那些轻飘飘的玩意儿作为他们的歌词"(《和平》第829行)。希琵阿斯也创作过酒神颂,参见《希琵阿斯后篇》381d。

"某人"形容定义三犹如酒神颂唱跑了调,无异于说定义三偏离了酒神颂敬神的基调,犯了不敬神之罪。

[2] 苏格拉底不理解酒神颂的比喻,于是"某人"借

我嘛,好家伙呀,问的是美丽(kallos)本身,我说得清清楚楚、明明白白,[d5] 而你坐在我身旁,就像一块石头,而且是石磨上的[石头],既没有耳朵,也没有脑子。"[1]

机重述了他的问题。然而,"某人"的重述并非简单的重复,对比首次表述(289d),保留了"附着"(prosgenetai),另涉及两处关键变化:第一,"点缀"被删除;第二,"显得"(phainesthai)变成了"是"(einai)。在新的表述中,美的作用得到了强化。

在这两个回合的交锋中,"某人"罕见地没有直接批评定义三,而是打了两个比方。

1 在这段"对话中的对话"中,"某人"用两个比喻把他重述的美的规定性包裹起来。第一个比喻说,苏格拉底的回答仿佛酒神颂唱跑了调;第二个比喻则说,苏格拉底是一个"石磨上的石头"。

石头没有耳朵,听不懂"某人"的话;石头也没有心智,更无法领会"某人"话中的意思。而石磨上的石头,则永远围着磨盘转圈,由于听不进劝,才会老是唱跑调。第二个比喻暗示,苏格拉底以及替苏格拉底出主意的希琵阿斯犹如石磨上的石头,不停地围着意见转圈。他们永远停留在意见的圈子内,受意见约束,永远无法抽身而退,踏上寻求真理之路。

我感到害怕，于是就说出了下述的话，你不会不高兴吧，希琵阿斯？

"可[292e]希琵阿斯说这就是美。我问他的方式与你如出一辙，它对所有事物都美，永远都是。"[1] 那你怎么说？你不会不高兴吧，如果我这样说？

希　我知道得很清楚，苏格拉底，对于所有事物而言，[e5] 我说的这个[定义]就是美，而且看上去也会如此。[2]

苏　"是否在将来也是[美的]？"他说，"因为美毕竟永远是美的。"

希　当然。

苏　"那它在过去也是[美的]喽？"他说。

希　在过去也是。

苏　"对阿喀琉斯而言，"他说，"来自厄利斯的异邦人说，美就是在其[293a]先祖百年之后将其埋葬，

---

[1] 希琵阿斯的原话是"美无论在何时、对何人、在何地，都不会显得丑"（291d）。苏格拉底遵循"某人"，用"是"取代了"显得"。

[2] 在接下来的几个回合，作为中介的苏格拉底似乎有些不称职，"某人"与希琵阿斯展开了正面交锋。

对他的祖父埃阿科斯,以及其他诸神所生的后代来说也是如此,甚至连诸神他们自己也不例外?"[1]

希 说啥呢?扔[你]进冥府!苏格拉底,这家伙的这些问题真是晦气![2]

---

[1] 阿喀琉斯(Achilles)的双亲是有死的佩琉斯(Peleus)和不死的女神忒提斯(Thetis)。他的祖父埃阿科斯(Aiakos)的双亲是宙斯和女神埃吉拉(Aegina)。作为不朽神明的后裔,阿喀琉斯和埃阿科斯都不可能埋葬他们的双亲。

此外,根据希琵阿斯,活得比自己的父母长寿,并且被希腊人所称赞才是美的。但阿喀琉斯的例子证明,有些人必须在"获得希腊人称赞"和"活得长寿"之间做出抉择。阿喀琉斯之所以被认为是美的典范,是因为他选择了死而不朽的短命人生。这显然与希琵阿斯的定义相龃龉。

[2] 希琵阿斯没料到定义三竟被"曲解"成渎神言论,难怪他按捺不住骂了"某人"。

"扔进冥府"跟之前那句"赫拉克勒斯啊!"相似,也是谐剧中常见的诅咒语,直译为"扔进幸运地",主要表达"不得好死"的意思。

希琵阿斯的第一句话实际上是对"某人"说的,第二句话才是对苏格拉底说的。

苏　你要他怎样呢？当别人问起时，如此这般说这些事情不也是 [a5] 相当不敬的吗？

希　也许吧。

苏　"也许，你就是如此，"他说，"你说，对于所有事物而言，永远美的是被子女所埋葬，并埋葬他的双亲。[1] 那赫拉克勒斯，以及我们刚才所谈论的那

---

[1]　死亡是人生的重要环节，中希古人对待死亡的态度十分严肃。死法不同，褒贬不一。《左传》有"死而不朽"的讲法，并主张用立德、立功、立言去实现不朽。受荷马影响，古希腊人把马革裹尸、为国捐躯看作对"死而不朽"最好的诠释。葬礼的意义在于纪念死者的不朽，这也是为什么定义三以葬礼为核心。

尽管如此，定义三却根本没有考虑死亡背后的德性问题。希琵阿斯对德性保持沉默，这意味着在他眼里，最美的生活没有德性的位置，最美的生活由一些外在的好处构成，与内在的善无关。希琵阿斯不仅切断了德性与美好生活的联系，而且解构了荷马诗教传统树立起来的英雄伦理——根据定义三，本来不入流的老英雄涅斯托尔比阿喀琉斯更高尚。这也解释了在插曲部分，阿喀琉斯的儿子为什么会接受涅斯托尔的教导。

些人都算作例外，是不是？"[1]

希　可是，至少我没有说诸神也被包含在内。

苏　[293b]"看来也不是指那些英雄吧。"

希　那些诸神的子女也不算。

苏　"而是指那些不是[诸神子女的凡人]喽？"

希　当然。

苏　"那么，还是根据你的论证，就像其显示的那样，在英雄中，对于坦塔劳斯、达尔达诺斯和策托斯是可怕的、不敬的、丑陋的，对于佩罗普斯和有相同出身的人而言，则是美的。"[2]

---

[1] 赫拉克勒斯是神话中的英雄，也是宙斯的儿子，所以他不可能埋葬自己的父亲。同时，他由于出身而被赫拉妒忌，遭其诅咒，丧失心智，错手杀死自己的孩子，死后也没办法被自己的子女安葬。所幸，他死后被封为奥林匹斯神，还与赫拉冰释前嫌，娶了她的女儿赫柏（Hebe）为妻。我们显然不能因为赫拉克勒斯不符合定义三，就认为他的生活方式不美。

[2] 坦塔劳斯（Tantalos）是传说中吕底亚的国王，以其巨额财富闻名。据说他当了国王以后，诸神给予他特殊的荣誉，准允他参加诸神的宴饮，听闻诸神的言谈。结果，

希　至少在我看来是如此。

苏　[b5]"在你看来确实如此,"他说,"即使你刚才否认了这一点,即一个人埋葬了他的父辈,又被他的[293c]子女所埋葬,有时对某些人来说,是丑的;况且,这会发生在所有人身上,而且还是美的,就更不可能了,由此看来,这个回答仿佛前

他得意忘形泄露了诸神的秘密,因而受到了永恒的惩罚:他被罚站在水中,水没其颈,头顶悬着美味的果子,每当他要吃果子或喝水时,这些东西就会升起或降落。苏格拉底在《普罗塔戈拉》中曾将普罗狄科比作冥府中的坦塔劳斯(315c-d)。

达尔达诺斯(Dardanos)是特洛亚第一位国王;策托斯(Zethos)是忒拜城的缔造者之一。佩罗普斯(Pelopos)是坦塔劳斯之子。在常人眼里,他们似乎略逊于赫拉克勒斯和埃阿科斯,因为他们取得的功绩不及赫拉克勒斯和埃阿科斯:赫拉克勒斯毕生都在与恶徒、压迫者、怪兽作斗争,而埃阿科斯与米诺斯、拉达曼托斯一起担任正义的审判官(《苏格拉底的申辩》41a)。

但在希琵阿斯的眼里,这三位跟赫拉克勒斯、埃阿科斯平起平坐,因为出身而非事迹才是衡量一个人美不美的标准,英雄与英雄之间的高低差别也因此被抹平。

面那些回答——关于少女与陶钵的回答一样,犯了同样的错误,而且更加可笑的是,它对有些事物是美的,对另一些则不［c5］美。甚至在今天也不是。"他说,"苏格拉底呀,你能回答我所问的关于美的问题吗,即它是什么?"

如果我这样答复他的话,他就会义正词严地责备我。现在,希琵阿斯,［293d］他跟我对话的大部分大致就是如此。[1]

［附释］从少女到黄金,从黄金到葬礼,希琵阿斯每一次定义关心的都是"人们"或"所有人"的看法。他在审美问题上不停地围绕着习俗意见打转,愈发深陷于习俗主义——定义三仅仅对希腊人有意义。关于美的讨论离美的自然本性也越来越远,仿佛进入柏拉图对话常见的无解状态……

---

1 "对话中的对话"回答了希琵阿斯,为何"某人"的鞭打是正义的,并以此为理由,驳斥了希琵阿斯的定义三。对此,希琵阿斯陷入了沉默,并未做任何回应。

对话者缺乏回应挑战的动力,而"什么是美"的问题依旧悬而未决。如果没有外部力量的介入,对话很可能戛然而止。

幕间二 "第三者"的提示

［题解］希琵阿斯不肯脱离审美经验抽象地谈论美。纵观他的三次定义,虽然每一次定义都针对前一次的不足有所推进,但从未成功找到那种绝不会显得丑的美。就在此时,"某人"亲自提出一个全新的定义——美是合适,开启了探究美的新思路。

定义四是整篇对话中最短的一个定义,也是唯一由"某人"提出的定义。合适赋予事物的到底是表象美还是实在美,是苏格拉底与希琵阿斯争论的焦点。在审查合适是不是美的过程中,他们体验到美与表象的紧密联系,这使他们意识到,"美的事物之所以不易为人所认识,是因为它们自身在所有事物中最具争议和冲突"。

苏　不过有时候，他可怜我没经验，又缺乏教养，他会给我一些提示。[1] 他会问我，美在我看来是不是如此这般，是不是什么他碰巧正在研究的，以及正在论证的什么别的东西。

希　[d5] 你为何这样说，苏格拉底？

苏　我来告诉你。

"精灵般的苏格拉底呀，"[2] 他说，"别再用这种方式给出上述那些答案了——因为它们太过幼稚，太容易被驳倒了。[293e] 考虑一下下述答案，在你看来，它是不是美的？这正好是我们从你的回答中挑

1　"某人"不打算让希琵阿斯继续在经验层面打转。因为，经过三轮尝试，希琵阿斯依然未能认识到美的事物与美本身的差别。"某人"重拾希琵阿斯定义二中的论述——合适造就事物之美（290d5），开启了探究美的第二阶段。

2　"某人"罕见地用"精灵般的"来称呼苏格拉底，苏格拉底曾用这个词形容高尔吉亚的修辞术技艺（《高尔吉亚》456a），表示某种能说服人的神秘力量。

"某人"似乎在用这个词提醒苏格拉底，不要再以修辞式的方式探究美了（实际指的是希琵阿斯以罗列个别的审美经验来探寻美的方式），这种方式太容易被驳倒——希琵阿斯的三次尝试充分证明，只需一个反例足以驳倒整个定义。

出来的。当时,我们说,当黄金适合(prepei)某些事物时,它就是美的;不适合,就不美。¹任何事物只要适合其他事物,莫不如此。因此考虑一下,合适以及合适本身的自然,[e5]是否碰巧就是美。"²

---

1 "某人"一连使用的两个动词"挑"(epelabometha)和"说"(ephamen)都是第一人称复数,说明"某人"为了发现美,愿意跟苏格拉底以及希琵阿斯结成同盟。

2 "自然"(physis)一词首次在对话中出现。当苏格拉底在追问事物的定义时,他其实是在探究事物的自然本性。希琵阿斯与"某人"从对手变成盟友,共同探究真理。希琵阿斯的定义虽然遭到无情的批判,但希琵阿斯本人并未被嘲笑。况且,定义四还受了希琵阿斯的启发,这也是希琵阿斯愿意继续对话的原因。比较亚里士多德的说法:"画家在他画布上描绘人像,总不能画上一只特别大的脚,不管这只脚画得怎样美丽,假定失去了匀称,那总是不许可的。船匠不会把一艘船的艄部或其他部分造得特别高大。乐师也不能让他的整个合唱队中有一人引吭特别嘹亮。"(《政治学》1284b5-10)亚里士多德谈论的是事物内诸部分的合适造就事物的美,而"某人"主要谈论的是一项事物适合另一项事物,从而成为后者美的原因。定义四没有在亚里士多德的意义上谈论诸部分的合适与整体我的确在任何情形下都习惯于同意上述观点——因为我无话可说——可在你看来,合适真的是美吗?[1]

希　任何情况下都是,苏格拉底。

苏　让我们再考虑一下,以免上当受骗。[2]

之美的关系,这为定义六中苏格拉底与希琵阿斯的冲突埋下了伏笔。参见300b以下。

[1]　合适是由希琵阿斯引入对话并与美关联起来的(290c),苏格拉底自然要尊重希琵阿斯的看法。

总的来说,合适有三层含义:第一,指两个事物彼此相关,甚至达到相似的程度;第二,指一个事物适合于某个目的或某种功能;第三,指一个事物的外观,偶尔也指事物的声音,意思是"清楚的"或"显著的"。所有这些含义都与苏格拉底的定义有关。

[2]　一前一后的两个"考虑"把"欺骗"夹在中间,暗示"欺骗"是他们一起考虑"什么是美"得出的结果。美的表象有一种超越真实的欺骗性,人们不难从日常经验中感受到这一点。欺骗性意味着美会引发表象与实在的深刻不一致。人一旦感觉受到欺骗,他的本能反应就是要打开事物的外在表象,深入研究事物的内部实在。

"打开"是人们对付欺骗的原初经验。事物之美取决于

希　［e10］必须得［好好］考虑。

苏　这样来看，我们谈论的这个合适，［294a］当它在场时，它使每一个被合适附带的事物外表美，还是使其实际美，还是两者皆否？[1]

希　至少在我看来如此。

［苏　是哪一种？］[2]

事物被打开的方式：一方面，只要事物没有完全被打开，就难觅美的奥秘；另一方面，一旦事物完全被打开，美也就消失不见了。

整个定义四表明，考虑"什么是美"，不得不考虑表象问题。合适的自然会不会是某种与美有关的欺骗呢？

[1] "外表美"的字面含义为"显得美"（phainesthai kala）；"实际美"的字面含义为"是美的"（einai kala）。这里强调的是表象与实在的关系。

"某人"自始至终都强调，美可以附着在其他事物上，并且能使被附着物变美。不过，他对附着所产生的结果游移不定——一会儿说美使被附着物外表美（289d），一会儿又说美使被附着物实在美，故而苏格拉底有此一问。

[2] 苏格拉底究竟有没有说过这句话，不同的抄本记录不一。如果有，则显示出苏格拉底全程掌控着对话的节奏、进程及方向。如果没有，希琵阿斯的立场便显得更加

希　使事物显得美。比如，一个人只要披上衣裳，再穿上配套的鞋子，[a5] 即便长得滑稽可笑，也会显得更美丽。[1]

苏　如果合适确实造就事物的外表比实际更美丽，那合适就是一种关于美的欺骗，也就不是我们所寻求的了。对吗，希琵阿斯？

坚定——他主动选择将美与事物的表象联系在一起，而非出于苏格拉底的逼迫。从紧接着的举例来看，希琵阿斯确实认为美首先存在于表象领域。总的来看，细节上的出入不影响整体文意的判断，即表象领域是美论无法回避的重大问题。

1　这个例子说明，希琵阿斯完全按照字面含义理解"附着"——用漂亮的衣服、鞋子去掩盖这人的真实模样，因为希琵阿斯自己的美就源于衣服与鞋子的装饰（291a5）。他不否认一个滑稽可笑的人会显得外表美，就此而言，合适提升了外观，却隐藏了实在，无异于一种欺骗。

希琵阿斯从未严肃考虑"合适"的原初含义：就算一个人滑稽可笑，可只要服饰和人相互匹配，也能造就整体上的实际美。定义六对个性与共性的探讨（300b 以下）在理论上暗示了这一点。

因为我们所寻求的是 [294b] 那种美，是凭借它，所有美的行为才是美的——就像所有大的东西之所以是大的，所凭借的是过度，因为凭借此，所有大的事物才是大的，即使是并不显得大的事物，只要是过度的，对它们来说必然是大的。[1]

同理，我们说，所谓 [b5] 美，凭借它，所有

---

[1] 苏格拉底的类比提醒我们大与美具有某些相似性。第一，大与美都存在着表象与实在的不一致，有的事物只是显得大，但实际上并不大，有的事物虽然实际上很大却显得不大。第二，大与美都具有一种显著性，使其从"不大的"或"不美的"事物中脱颖而出。第三，在古希腊人的观念里，大与美相互共生，亚里士多德说一个人不可能是美的，除非他同时长得高大；"美丽修长"或"魁梧雄壮"（kalos kai megas）则是古希腊文学赞美人外貌的固定表达，尤其见诸荷马笔下；斐迪阿斯制作的雅典娜女神像高大无比，据说有 12 米之高，这些例子都证明了大和美的关联性。

不过，苏格拉底以大释美，对定义四而言却并不合适。毕竟，合适是过度的对立面，如果美是合适，那美一定不可能过度。所谓合适的东西，一定不可能是过度的东西；相反，过度的东西一定也不会显得合适。

美的事物才是美的,是这样吗?这样一来,[美]就不会是合适;因为合适使[事物的外表]比实际更美丽,根据你的论证,它没把[事物的]实际表现出来。那个造就事物实际美的东西,[294c]如我刚才所说,是否也造就事物的外表美?我们得试着说明它是什么?因为,这才是我们所寻求的,如果我们寻求的是美。

希 可是合适,苏格拉底,既使事物实际美,又使事物外表美,只要它在场。[1]

苏 [c5]就其实际而言,实际美的事物不可能不表现得外表美,至少当那造就外表美的东西在场时?

---

[1] 希琵阿斯联想到的是定义二提及"合适"时举的例子:(1)石头眼珠比黄金眼珠更合适(290c5);(2)木勺比金勺更合适(290e5)。当"某人"说石头眼珠更合适时,实际上说的是石头眼珠更像人的眼珠,合适在此意味着类似,能够使雕像更"像"人。但就事物的质料而言,石头不如黄金,所以石头眼珠造就的是雕像的外表美。另一方面,当"某人"说木勺更合适时,说的是木勺作为餐具对进食的行为更实用,而不是说木勺比金勺更美观。从这两个例子来看,合适的确既造就事物的外表美,又造就事物的实际美。

希　不可能。

苏　那我们要同意下面这一点吗，希琵阿斯，所有实在美的事物，包括美的制度和美的事业，它们在任何时候、对任何人都被认为享有［294d］实在美和外表美？抑或恰恰相反，美的事物不为人所认识，它们自身在所有事物中最具争议和冲突，于私对每个人如此，于公对每个城邦亦如此？[1]

---

[1]　由于希琵阿斯已经同意，无论一个事物是否具有实在美，合适都能造就它的外表美，那么，剩下亟待解决的问题就是合适能否造就事物的实在美。苏格拉底首先追问的是，人们能否正确认识事物的实在美。注意苏格拉底举的例子——制度和事业。这两个例子说明，合适的具体内涵已经从审美意范畴的好看过渡到道德范畴的高尚。人们在审美范畴的美面前相对容易达成共识，原本争吵不停的特洛亚长老，在一睹海伦的风采后迅速达成共识，参见《伊利亚特》3.146-160；相比之下，想要就行为举止的高尚获得一致认识，则比较困难，比如阿喀琉斯显然认为光荣的战死更美，希琵阿斯则会认为富裕而长寿的一生更美。因此，苏格拉底表面上把选择的权利交给希琵阿斯，但只要接下来的讨论基于上述二例，希琵阿斯一定会选择后者。

希　我选后者，苏格拉底，它们不为人所认识。[1]

苏　[d5] 不会[不为人所认识]的，至少当外表美显现在其之上时。一旦如此显现，合适就是美的，它不仅造就事物的实际美，还造就事物的外表美。[2]

所以，一方面，如果合适造就事物的实际美，那么合适就是美，亦即我们所寻求的东西，但也就不造就事物的外表美；另一方面，如果合适只造就事物[294e]的外表美，那它就不是美，不是我们所寻求的东西。

因为，那个[合适]造就实际[美]，而同一事物不能够既[造就]外表美又[造就]实际美，[3] 不论是美本身还是其他任何事物都不行。所以让我

---

[1]　典型的智术师立场。事实上，一切正义的或美的事物，在智术师看来，都是约定俗成的，缺乏共同的自然基础。

[2]　无论美丑，合适都能造就其外表美，这意味着合适不是实际美的事物的原因，它不过使实际美的事物又显得外表美罢了。

[3]　这句话在不同抄本中的词序不同，Burnet 把 poiein [造就] 放进括号里，本译文采用 Burnet 的读法。另一种读法：同一事物不可能既外表美，又实在美。

们选择，在你看来，合适属于哪一种情形？⌊e5⌋造就事物的外表美，抑或实在［美］？

希　外表美，至少在我看来如此，苏格拉底。

苏　哎呀！美又从我们手里溜走了，希琵阿斯，我们没认识到美到底是什么，到目前为止，合适不过显得（ephane）是某种别的东西，而不是美。[1]

希　是的，以宙斯起誓，苏格拉底，可我老是觉得很不对劲。[2]

---

[1]　定义四是所有定义中唯一没有被驳倒的定义。首先，定义四从未遭到嘲笑；其次，定义四没有被我们打倒，它只是"从我们手里溜走了"。

苏格拉底放弃把"合适"当作美，也许是因为"合适"不能说明表象之外的东西。他最终也没有放弃合适与表象之间的联系。

[2]　对于这样的结局，希琵阿斯显得很不满意，美明明是再明显不过的东西了，为什么反复从指间溜走呢？他以宙斯起誓，这种情况十分反常。更加反常的是，"某人"在提出定义四之后便失去踪影，直到定义六被苏格拉底提出之后，他才重新登场。所以，接下来的定义五实现了真正意义上苏格拉底与希琵阿斯的独处，这也是唯一不受"某人"干预的定义。

[附释] 关于"合适"的讨论本是一个绝佳的机会，可以终结关于美的追问。然而，"某人"虽然在提出新定义后便不辞而别，但苏格拉底和希琵阿斯的合作并没有理顺表象与实在的关系。弥合表象与实在，必须从正确理解自然开始。定义四从"合适的自然"起头，却没有对"美的自然"展开分析。

或许，希琵阿斯像其他智术师一样，不认为美是自然的，认为美只是习俗的产物，这使他对表象美如此执着。因此，他俩始终找不到办法，使事物兼具表象美和实在美，从而眼睁睁看着到手的"美"溜走了。

第三场　苏格拉底论美

美是善的父亲？

[题解]"某人"在提出定义四之后便消失了，直到定义六才重新出现。所以，定义五实现了严格意义上苏格拉底与希琵阿斯的独处，这也是唯一不受"某人"干预的定义。

"某人"的"离场"使得苏格拉底的发言不再具有攻击性，另一方面，经过"某人"的敲打，希琵阿斯也不再吹嘘，他承认自己感到困惑，并有意愿参与到探究之中。在二人的合作之下，美首先被界定为功用，然后又被等同于益处，从而与善挂钩。新定义似乎重新点燃了苏格拉底的希望，这一次，"美"还会逃出他们的掌心吗？

苏　[295a] 不过，友伴啊，我们现在还不至于放弃。因为我还抱有一线希望，美是什么终究会水落石出。[1]

希　那是当然，苏格拉底，因为发现［美］一点不难。我很清楚，只要给我一点时间，［a5］让我独自进行观察，我就可以告诉你一个更准确的答案，比任何答案都还要准确。[2]

苏　呃，希琵阿斯，话别说大了。[3] 你看到了，

---

[1] 苏格拉底重又称呼希琵阿斯为"友伴"，他上一次这样称呼还要追溯到定义二（290e）。在定义三和定义四期间，苏格拉底皆直呼希琵阿斯其名。称谓的变化表明，苏格拉底打算重建与希琵阿斯的友好关系，帮助他从定义三的愤怒以及定义四的厌倦情绪中走出来，以免探究美的事业就此作罢。

[2] 尽管探究美的工作屡战屡败，但这根本没有动摇希琵阿斯的信心。他坚信这问题难度不大（287b），目前之所以没有找到答案，是因为有苏格拉底或"某人"在一旁"捣乱"，只要让他一人独自寻找，便能轻而易举地发现美。换言之，希琵阿斯否定了二人对话是探究美的正确方法，暗示演说比对话更美，比较304a-b。

[3] 这句话有两层意思：第一，警告希琵阿斯别说大话。第二，"大"呼应了定义四中的"美"。倘若如此，苏格拉底无异于暗示希琵阿斯，不要话说得美，事情却做得不美。

它已经使我们如此麻烦了！［我担心］它可能会对我们发脾气，逃跑得更快了。[1]

［295b］我瞎说的啦！因为我认为，你将轻易地发现它，只要当你一个人的时候。可看在诸神的分儿上，当着我的面寻找它吧。要是你愿意，现在就和我一起探求吧！如果我们找到了美，那将是最美的事情了。[2] 可如果没有，我认为我也会认［b5］

---

[1] 苏格拉底将"美"拟人化，看似突兀，实则有迹可循：之前他就提到过，美不仅会骗人，而且还从"我们"手里溜走了。不过，他随即称这拟人化的说法是在瞎说。"美"是否真会发怒、逃跑，不可能为人所了解。倒是"某人"在定义三中大发雷霆，又在定义四中逃之夭夭，至今尚未出现。

苏格拉底的比喻不得不让人怀疑，他暗地里将"美"等同于"某人"。在此之前，"美"更多地用以形容希琵阿斯的外在形象，与"某人"毫不相干，而且苏格拉底还不止一次形容"某人"粗鲁。如此看来，定义四是整篇对话情节的一个转折点：从此以后，苏格拉底不光要探究美，还要探究那种有别于外表美的实在美。为了避免再次上当受骗，苏格拉底在接下来的一番话中一连用了四个"发现"，意在透过美的表象去探究美的实质。

[2] 苏格拉底列举了三种发现美的方式：第一，希琵

命，而你走后，还是会轻易地发现它；如果我们现在去发现它，你放心，即便我认识到那东西就是你凭自己发现的，我也不会对你懊恼。[1]

阿斯单独发现美；第二，希琵阿斯当着苏格拉底的面独自发现美；以及第三，希琵阿斯与苏格拉底一齐合作发现美。它们分别对应沉思、独白和对话三种不同的思维活动。希琵阿斯试图避免对话，他最擅长的是独白，可他宣称只要沉思一小会儿，便可以轻易地发现美。苏格拉底以诸神起誓，恳求希琵阿斯采取对话的方式，因为这样做最美。

    1   这段话证明，《希琵阿斯前篇》是苏格拉底主动寻求的对话。苏格拉底执意与希琵阿斯交谈，而且在希琵阿斯失去耐性的情况下继续维持对话，他必定需要以希琵阿斯及其代表的方式补充他自己的方式。这是不是说明，美既与事物的本质有关，也与表象有关？

    出于主动还是被动的对话，大有区别：比如，《会饮》是苏格拉底主动寻求的对话，为了赴宴，平日不修边幅的苏格拉底特意洗了澡、穿了鞋（174a）；《王制》是苏格拉底无法逃避的对话，他看完节庆游行正准备动身回城，却被珀勒马科斯的奴仆抓住了（327b）。我们可以合理地推测，苏格拉底主动寻求的对话反映出其天生的爱智倾向，现在，仔细打量它，你［295c］觉得什么是美。[1] 我说是这样——你要注意我，彻底运用你的心智（ton noun），确保我不会胡说八道——我们先把这当作美：美就是有用的［东西］。我是这样考虑的（ennooumenos）：[2] 我曾说过，人们称双眼美，说的不是［c5］那些看起来如此，却没有能力观看的双眼，

而无法逃避的对话则是为了履行他的公民义务。苏格拉底的爱欲指向哲学，他的公民义务指向城邦，进而指向政治，主动与被动的区别暗示了哲学与政治的张力。

1　打量（theasai）的字面含义就是"看"，但多指抽象意义上的静观，"理论"（theory）一词便源自这种类型的"看"（theaomai）。

2　苏格拉底提醒希琵阿斯运用他的心智，仔细审查即将给出的定义，即苏格拉底独自提出的第一个定义，分析这定义是否有道理，因为这一定义也是苏格拉底运用其心智的结果（ennooumenos）。苏格拉底一连两次提到心智及其派生的形式，并且让两个"心智"把定义五——美是有用的——框起来，无疑是在暗示心智与美存在某种关联。

苏格拉底之前曾讽刺过阿那克萨戈拉胡乱运用他的心智，导致他将继承的大笔财富挥霍一空，由此得出结论，聪明人的标志在于赚最多的钱。可见，心智起初跟财富有关。

而是说那些具有能力的,并且能用于观看的眼睛,难道不是吗?[1]

希　是的。

苏　这样的话,我们说整个身体都美,不仅赛跑的身体如此,摔跤的身体也是如此。[2] ［295d］而

---

[1] 苏格拉底悄然推翻了"某人"之前的推论:如果眼睛之美在于良好的视力,那么无论是黄金、象牙抑或石头制作的眼睛都不美——这些眼睛全都无法用来观看。

观看的例子有些含混。是否有能力观看事物,不仅仅取决于观看者眼睛的视力,在有些情况下,更取决于观看者的心智,比如眼睛再尖的人也很难看出一个人是好人还是坏人。

在色诺芬笔下,苏格拉底也曾争论说他那凸起的双眼比克里托布鲁斯年轻的双眸更美,因为他双眼凸起,目光旁射,能够朝两边看,而克里托布鲁斯的眼睛只能朝前直视,故而苏格拉底的双眼更美,他甚至进一步说螃蟹的眼睛在所有动物中最美。这番带有谐剧色彩的谬论当然没有说服在场的观众(《会饮》5.5)。

[2] 赛跑依赖脚力,摔跤依赖臂力,它们都是奥林匹亚赛会的常见比赛项目。与赛车、射箭等更富技巧的项目相比,赛跑和摔跤依赖身体胜过心智。

且，所有生物都美，一匹马是美的，[1] 一只公鸡和一只鹌鹑也是。[2] 所有的用具和器皿，不仅包括陆上

在古希腊人的观念里，同一个身体无法既对赛跑有用处，又对摔跤有用处。比如在荷马《伊利亚特》中，奥伊琉斯的小埃阿斯擅长奔跑，而特拉蒙的大埃阿斯擅长摔跤。功用并非在任何方面都是美，它只不过在有些方面是美的，在另一些方面却是丑的，这样，功用就不可能在任何情况下都是美的。也就是说，功用不是苏格拉底寻求的那种美。

不过，神样的阿喀琉斯能在奔跑和摔跤方面与两位埃阿斯匹敌。另外，在纪念帕特罗克洛斯的葬礼竞赛上，奥德修斯凭靠自己的心智以及雅典娜的帮助，在赛跑中胜了小埃阿斯，又在摔跤比赛中跟大埃阿斯打成平手（23.724–770）。这意味着唯有神或心智能够克服功用的有限性。

[1] 马的功用类似于善于奔跑的身体，但仅仅跑得快的马并没有用，有用的是在人的驾驭下飞驰的骏马。只有当马被驯服时，亦即人的灵魂适合于马的灵魂时，骑手才能自如地驾驭骏马，在这个意义上马才是有用的。换言之，马的功用以心智活动为前提。

[2] 公鸡和鹌鹑的功用体现在斗狠方面，类似于善于摔跤的身体。斗狠是它们的天性，但只有经过专门的训练，它们在竞赛中才是有用的。这同样预示了心智的作用。

的，还有海里的，货船和战舰，还有所有的器具，用于音乐的乐器和用于其他技艺的工具。[1] [d5] 如果你愿意的话，还可以算上各种事业和礼法。[2]

我们称几乎所有这些东西为美的，凭的是同一种方式。仔细观察它们各自如何生成，如何造就，以及如何创立。[3] 我们说一件用品之所以美，是因

马、公鸡、鹌鹑都是阳性名词，与定义一中的母马、里拉琴、陶钵的阴性名词正好相反。

1 第三类例子，一共提到六种事物：家什、车辆、船只、战舰、乐器以及用于其他技艺的器具。这些事物全以复数形式出现，而且含义笼统，每一种事物自身又包含若干不同的事物，比如，在定义一中出现过的里拉琴便属于乐器，陶钵属于家什。人造物不同于自然物，其功用是工匠在制作它们时赋予它们的。

2 事业和礼法是约定的产物，它们虽然也属于人造物，是人们心智活动的结果，但它们反过来又可以成为影响心智的原因。人们的审美观往往是由他们从事事业时立下的志向以及养育他们的礼法所决定的。

3 尽管苏格拉底断言，美的事物之所以美的原因是同一个——功用，但美的事物之所以存在的原因却有三个：第一，人、马、公鸡以及鹌鹑对应生成的自然物；第

为它如何有用，对什么东西［295e］有用，以及什么时候有用。相反，在这三方面全都没用，我们则称之为丑。在你看来是否如此，希琵阿斯？[1]

希　至少对我［来说如此］。

苏　［e5］那我们这样说对吗，不是别的任何东西，而凡是有用的，才是美的？[2]

希　当然正确，苏格拉底。

苏　有能力的事物就是能创造任何东西的事物，

二，家什、交通工具、乐器对应制作的人造现实物；最后，事业和礼法对应创立的人造非现实物。其中，礼法尤其是心智的产物。脱离心智，礼法的美与存在都将变得无法理解。

这些例子说明，要阐明美与功用的关系，必须首先阐明功用与心智的关系，否则定义五便有失败的危险。

[1]　美几乎囊括了所有存在物。反之，丑被等同于非存在的虚无。色诺芬笔下的苏格拉底甚至承认，就连一个粪筐也是美的，只要对它所适用的东西有用，参见《回忆苏格拉底》3.8.6。

[2]　苏格拉底反复强调"我们说"或"我们称"，意在强调"美是有用的"这一定义是他和希琵阿斯一起合作，运用心智的结果，绝非哪一个人单独的功劳。

它既有创造力又有用,只要它具备这种能力,就是有用的,而没有能力就是无用的,难道不是这样吗?[1]

希　当然。

苏　那么[有]力量就美?[e10]缺乏力就丑?[2]

希　太对了![3] 别的种种事物,[296a]苏格拉

---

[1] 苏格拉底狭义地阐释了"功用":有用的事物原本包括生成的、造就的以及创立的三类,苏格拉底仅选取居中的"造就"阐明"功用"的性质。

希琵阿斯欣然接受苏格拉底的推论,因为"创造"以技艺为前提,他本人便精通各种富有创造力的技艺,参见《希琵阿斯后篇》368b-e。

[2] 美从"功用"变成了产生"功用"的"力量",最美的事物最有力量创造其他事物。这意味着美不仅是美的事物的原因,还是一切造物的原因。

[3] 对于苏格拉底的举例,希琵阿斯起初勉强表示同意(emoige);当苏格拉底把这些例子进一步概括为"凡是有用的,才是美的"时,希琵阿斯的态度有所转变,说这样概括"当然正确"(orthōs mentoi);在获得希琵阿斯的肯定之后,苏格拉底将"功用"还原为"能力",称"能力就是美,缺乏能力则是丑"。这一全新的论断引起了希琵阿斯的热烈赞同(sphodra ge),并积极地为之提供证据。

底，都可以为我们作证，事实就是如此，尤其是种种政治事物。因为在种种政治事物以及在自己的城邦中，力量是所有事物中最美的，而缺乏力量则是所有事物中最丑的。[1]

苏 说得好。那么，当着 [a5] 诸神的面，希琵阿斯，若是如此，智慧难道不是所有事物中最美的吗，而无知则是所有事物中最丑的？[2]

希 要不然你以为是什么，苏格拉底？[3]

---

[1] 希琵阿斯显然认为，较之于"功用"，美更接近于"力量"。他本人就精通"评判和传达言辞"的政治力量（281b），能够"捍卫自己，捍卫自己的财富以及朋友"（304b）。

凡是有力量的东西都有用，但并非所有有用的事物都有力量。这一修正意味着，美具有一种给他物施加力量的积极性，反之，丑则与消极性有关。

[2] 这是一个简单的三段论：力量是美的，而智慧最有力量，那么，智慧最美。其中，小前提若要成立，尚需证明心智比身体更有力量，因为智慧是心智的一项能力。故而苏格拉底以诸神起誓，以保证推论的有效性。这恰恰证明苏格拉底的推理是修辞性论证。

[3] 反问句表明，希琵阿斯十分认同"智慧最有力量"

苏　别着急，亲爱的友伴啊！我担心我们刚才所说的又会出岔子。[1]

希　[296b] 你怎么又怕起来了，苏格拉底，起码到目前为止，对你来说，论证不是进行得很完美吗？[2]

的主张，因为他本人被选作外交使节，必然具有某种政治智慧。不过，希琵阿斯的政治才能主要指心智的力量，不包括身体的力量，比如军事实力。这反映出他对政治的理解缺乏整全的视野。

1　定义五首先把美界定为"有用"，然后从生成、造就、创立三种动力因中挑出造就阐释"有用"，这样"有用的"就被等同于"有力的"。由于力量是中性的，既能行善，又能作恶，如果美是力量，那么美既能行善，又能作恶，美就同时包含高尚与低贱，无异于自相矛盾。

苏格拉底试图矫正当前的论证思路，他接下来便准备挑明力量的去道德性与美的道德属性不相容。与此同时，苏格拉底又不想惹怒希琵阿斯，因此对他的称呼从"友伴"进一步改口为"亲爱的友伴"。

2　希琵阿斯对于当前的困境毫无警觉，他表示论证对于苏格拉底来说"很完美"，实则对身兼数艺的他本人才完美。希琵阿斯显然认为苏格拉底是他"亲爱的友伴"，也是一位向往凭技艺赚钱的智术师。

苏　我倒希望如此，可跟我一起思考如下问题：一个人能否做得了他既没有知识又没有能力去做的事呢？

希　[b5] 绝不可能！一个人怎么可能做他没有能力去做的事呢？

苏　那些犯错、作恶的人，即便他们是无意地做，如果他们没有力量这样做的话，他们是无论如何不会做的吧？[1]

希　显然是这样。

苏　不过，凭借能力，[296c] 那些有能力的人才算得上有能力，因为不至于凭借无能。

希　当然不至于。

苏　所以要做一件事情，就要有能力？

希　是的。

苏　可所有人从小时候起，做的坏事就远多过好事，[c5] 而且还在无意中犯错。

希　真是这样。

---

[1]　关于"无意作恶"命题的详细展开，参见《希琵阿斯后篇》370e5 以下。

苏　之后呢？我们能够说那种能力和那些功用是［296d］美的吗，恐怕不能吧？

希　远远不能，至少在我看来不能，苏格拉底。

苏　那么，希琵阿斯，能力和功用似乎对我们来说就不是美了。

希　除非，苏格拉底，他们有能力向善，而且对于这些事情是［d5］有用的。[1]

苏　那么就一点也讲不通，即能力和功用就等于美；但这就是那个［定义］吗，希琵阿斯，那个我们灵魂想表达的，功用和能力，只要与行善有关，就是［296e］美？[2]

希　至少在我看来如此。

---

[1]　希琵阿斯主动修正定义，美被界定为向善的能力或功用。如此一来，丑即向恶的能力或功用，功用本身就不再是美了，之后的论述将围绕美与善的关系展开。

[2]　美是向善的能力和功用，这是苏格拉底和希琵阿斯一齐运用心智的结果。这也是"灵魂"一词首次在对话中出现。

苏 但这［美］其实是有益的，不是吗？[1]

希 当然。

苏 这样的话，那美的诸身体、美的诸风俗、智慧以及我们刚才所谈论的所有东西之所以是美的，是由于它们是有益的。[2]

希 ［e5］显然如此。

苏 因此益处似乎对我们而言就是美了，希琵阿斯。

希 必然如此，苏格拉底。

苏 但是，益处其实就是产生善的结果。

希 是的。

---

[1] 益处究竟是一个全新的定义，抑或只是"功用"定义的延续？历来是研究者争论的焦点。实际上，更加重要的是，自"某人"退场以来，苏格拉底与希琵阿斯均主动发挥心智的功用，接下来关于原因与结果的分析逻辑繁复，同样离不开心智的作业。

[2] 无论"功用"抑或"益处"，都是针对其他事物而言的。身体提供的益处不指向它本身。同理，风俗的益处也不有益于它本身。至于智慧是否有益于自身，取决于它是什么性质的智慧。

苏　而产生结果的不正是事物的起因吗？

希　是这样。

苏　所以善的 [297a] 原因就是美。

希　是的。

苏　但至于原因嘛，希琵阿斯，它和结果不能是一回事：因为原因怎么也不能当作一个原因的原因。这样想，原因可以产生结果，这不是很明显吗？

希　[a5] 当然。

苏　产物是被制作者制作出来的，而不是制作者，难道不是吗？

希　是这样。

苏　产物岂非不同于制作者？

希　是的。

苏　那么，至少原因就不能 [297b] 产生原因，而只能产生由它而来的结果。

希　当然。

苏　因此，如果美是善的原因，那么善就是由美产生的。¹ 由于是这样，看起来我们得严肃对待审慎和其他所有美的事物，[b5] 因为它们的产物和后

1　这显然是一个片面的论断。根据赫西俄德，因为

代,即善,值得被严肃对待。或许,从我们的发现得知,美在理式上是某种善的父亲。[1]

希　确实如此,因为你说得太美了,苏格拉底。

苏　那我这么说也美吗?即父亲不 [297c] 是儿子,儿子也不是父亲?

希　当然美。

苏　至少原因不是结果,反过来,结果也不是原因。[2]

希　你说得对。

苏　以宙斯起誓,最好的家伙啊,那美就不是善了,而善也不是美了;或者你认为,[c5] 从之前

美也可以是恶的原因,比如,众神把潘多拉制作得如此美丽,就是为了让她成为人类的祸害,参见《劳作与时日》第50-105行。此外,我们还从荷马那里了解到,特洛亚的长老们曾如此评价海伦:"特洛亚人和胫甲精美的阿开奥斯人为这样一个妇人长期遭受苦难,无可抱怨;看起来她很像永生的女神;不过尽管她如此美丽,还是让她坐船离开,不要成为我们和后代的祸害。"参见《伊利亚特》3.156-160。

[1]　苏格拉底的隐喻将"制作"等同于"生育"。

[2]　除了第一因以外,任何原因亦是自己原因的结果;同理,结果作用的事物亦将产生新的结果。

我们所谈论的来看是这样吗?

希　不,以宙斯起誓,在我看来没有其他结论![1]

苏　那我们对这个答案满意吗,我们愿意称美不是善,而善也不是美吗?

希　不,以宙斯起誓,我完全不满意。

苏　[c10] 是的,以宙斯起誓,希琵阿斯,至少对我来说,[297d] 这是我们谈论的所有论证中最令人失望的。[2]

希　好像是这样。

苏　或许,对我们来说并非如此,在诸论点中显得最美,莫过于"益处、用处以 [d5] 及创造善的

1　苏格拉底发誓是为了掩盖论证中的疏漏,而希琵阿斯发誓则是因为感到不可思议。

2　这一将美关联到善的论证最终失败了,因为苏格拉底把动力因带了进来,把美当成了善的原因。如果美仅仅是动力因中的原因,那么,美的就是雕刻家,而不是他的雕像。苏格拉底还用另一种方式使因果问题复杂化,他把制作当成生育(297a),这就得出一个矛盾的结果——美是善的父亲,这与《王制》中的描述恰恰相反(508b)。这一矛盾的结论是对宙斯的冒犯,此处频繁以宙斯之名起誓(共计4次),这种罕见的现象暗示了这种冒犯。

力量才是美"。相反，如果它是最美的论点，那它将比先前的论点招致更多的嘲笑，比如我们曾以为的少女是美，以及每一个早先提到的以为是美的东西。[1]

希　好像是。

苏　[d10] 至少我没有可回旋的余地，希琵阿斯，只好不知所措了。你还有什么法子？

[附释] 定义五囊括了自然物、人造物以及习俗物，在所有定义中最为全面，也被苏格拉底称为最美的定义。更重要的是，定义五对心智的强调，终于使美产生了向善的上升趋势。

然而，定义五结尾的那段毫无美感的逻辑推理，强行切断了美与善之间的联系，以至于苏格拉底和希琵阿斯均表示无法接受。于是，定义五在频繁的起誓声中失败了。

---

[1] 善显得美，却不是美。定义五最终这个让人难以接受的结论，延续了定义四关于表象与实在的争论，而且正是后者的极端表达。

悦目与悦耳

[题解] 最后一个定义试图填补上一个定义所欠缺的美感,恢复美的魅力。在求知欲的驱使下,苏格拉底将美界定为悦目的和悦耳的快乐。该定义面临两方面的挑战。第一,礼法的功用在于节制快乐,那么美的礼法是否属于悦目的和悦耳的快乐?第二,通过其他感官得来的快乐并不逊于通过视觉与听觉得来的快乐,既然如此,肯定一些快乐的美而否定另一些快乐的美,其根据是什么?

尤其是第二个挑战,把已经消失许久的"某人"重新拉回讨论中,他会对苏格拉底提出的最后一个定义构成威胁吗?

希　[297e] 至少现在没有,可就像我刚才所说,只要我好好观察,我知道我一定能发现美。[1]

1　虽然关于力量的讨论让希琵阿斯感到兴奋,可美不是善的结论再次让他萌生退出对话的念头。如今不仅"某人",就连苏格拉底也构成希琵阿斯发现美的障碍。不

苏 可在我看来,由于我的求知欲,我不能同意你等到以后再想。因为实际上,[e5] 我想我已经摸到了一点线索。[1]

瞧啊!如果有东西使我们感到高兴,不是所有的快乐,而是凭借听力和视力使我们感到快乐,我们称其为美,那么我们会遇到什么样的挑战?[2]

过,他依然坚信,只要独自一人观察,必然能够发现美。

观察(skepsamenos)也是一种"打量"(295b10),也需要眼睛和心智共同参与,但更强调感官和经验的一面。定义五和定义六举的第一个例子均跟眼睛-视觉有关。

[1] 定义五是心智的产物,定义六则是欲望的产物;心智以善为美;欲望则以快乐为美。

[2] 苏格拉底强化了"观察"中的视觉成分,径自让希琵阿斯去"瞧"(hora)定义六。目前为止,苏格拉底和希琵阿斯一共提到过三种不同类型的"看":打量(theaomai)、观察(skeptomai)以及瞧(horaō)。这提醒我们不要忽略视觉问题的复杂性。

视觉和听觉是所有感觉中最具公共性的两种感觉,因为这两种感官不同于触觉,无法直接作用于对象。大部分看和听的活动都伴随着理解,而理解有助于使感觉变成共通感:我们可以在视觉上同时"占有"一杯酒——我看见

[298a] 至少美丽的人们，希琵阿斯，以及所有的刺绣、图画和雕塑都使我们看得心满意足，如果它们都是美的话。种种美妙的声音、合奏的音乐、演说、故事［a5］也能产生出这相同的快乐。[1]

的酒就是你看见的酒，但我们不可能在味觉上同时占有一杯酒——我在品尝这杯酒的同时已经将它占为己有，这种占有是排他性的，你对它的"占有"只能在我的"占有"之前或之后发生，不可能同时进行。这是视觉与其他感觉的不同之处，听觉的情况也与之类似。

[1] 苏格拉底一共列举了八项事物，并按视觉和听觉将其划分为两组：人、刺绣、图画、雕塑为一组；声音、音乐、演说、故事为另一组。

这些例子有三个特点。首先，人是刺绣、图画和雕塑的基本素材；声音是音乐、演说和故事的基本要素。其次，第一组事物和第二组事物可以表现相同的主题。比如奥林匹斯神与提坦神的斗争既可以编织成故事，也可以编织成刺绣——据说一年一度的大万圣节期间，雅典少女会为斐迪阿斯的雅典娜女神像亲手缝制一件大绣袍，上面绣满了诸神之战的故事情节。正如希琵阿斯所言，披上大绣袍的雅典娜女神像将显得更美（294a）。

因此，假如我们这样回答那个鲁莽的家伙："出身高贵的人啊，美就是悦耳和悦目的快乐。"你不觉得我们可以打压一下他的鲁莽吗？[1]

希 至少在我看来，苏格拉底，[298b][这样]定义美之为美很好。[2]

苏 可种种美的事业和美的礼法呢？希琵阿斯，

最后，除了人和声音，剩下六个例子都是技艺的产物。定义五中的人造物也是技艺的产物，而且定义六的这六例还是定义五的工具的产物。比如，雕像是锤子的产物，音乐是里拉琴的产物。这是否意味着功用（善）是快乐（美）的原因？

[1] "某人"再次在对话中出现。在希琵阿斯面前，苏格拉底虽然称"某人"为"鲁莽的家伙"，可当他与"某人"面对面交谈时，却称他"出身高贵的人"。

自提出定义四以来，"某人"再未发言，他的再次登场使我们回想起，苏格拉底多次挽留希琵阿斯，目的是助他一臂之力，帮助他在关于美的论辩中打败"某人"。

[2] 定义六或许更对希琵阿斯的胃口。我们记得，他像老奶奶一样擅长讲述悦耳的故事，以此取悦斯巴达人（286a）。此外，希琵阿斯"衣着如此光鲜，又穿着漂亮的鞋子"（291a），令人赏心悦目。

我们也称之为由于听觉和视觉带来的快乐吗,还是它们具有某种别的样子?[1]

希 [b5] 或许这一点,苏格拉底,连那家伙也没意识到。[2]

---

[1] 希罗多德《原史》开篇讲述的巨吉斯故事反映出礼法与悦目的快乐——偷窥王后裸体——之间的冲突。王后的裸体虽然美,但观看裸体的行为却不美,更不值得提倡,因为偷窥王后的裸体违反了吕底亚的祖传礼法。

礼法问题的实质是道德问题。道德之美(高尚)并不直观,而且通常不会和快乐联系在一起。道德行为往往首先跟艰辛有关,如果一个行为会直接给行动者带来快乐,那该行为的道德性不免遭人怀疑。道德行为不会让人感到快乐,而且与快乐有一定距离。道德之美也不会直接体现在行动的过程中。

道德之美是一种反思性的美,它要求行动者超出行为本身,把自己的行为看作一幅摆在自己面前、业已完成的道德图景,或者当作一段人人传颂的事迹,如此才能感受到其中的美。可见,礼法确实对定义六构成了巨大的挑战。

[2] 希琵阿斯不在乎逃避问题,因为他对美的精确定义不感兴趣,对道德之美更提不起兴趣,他宁愿像多数人那样沉醉在美之中。

苏　以冥狗起誓，希琵阿斯，至少他不会的。我特别羞于在他面前讲废话，尤其是当我没话可说却又假装有话要讲的时候。[1]

希　[b10] 他是谁？

苏　索弗戎尼斯科斯之子〔苏格拉底〕。[2] 他根本不 [298c] 容许我随意谈论这些未经审视的事物，更不容许我强不知以为知。[3]

---

[1]　第二次以冥狗起誓。整篇对话一共两次以冥狗起誓，上一次以冥狗起誓是在希琵阿斯刚提出定义一时。如前所述，冥狗天生善于分辨事物，而且是城邦护卫者的象征。苏格拉底如此起誓，似乎在提醒希琵阿斯不要抱有侥幸心理，企图蒙混过关，"某人"会像护卫者-冥狗一样仔细审查定义六与礼法的关系。

[2]　这是希琵阿斯第四次追问"某人"的身份，前三次（288d，290e，292a）苏格拉底均未正面回答希琵阿斯，唯独这一次他坦言相告。

索弗戎尼斯科斯（Sōphronisikos）是苏格拉底的父亲，也就是说，"某人"即苏格拉底的另一个自己。"索弗戎尼斯科斯"字面含义为大智大慧。另外，有些抄本有"苏格拉底"一词，有些抄本没有。

[3]　贸然谈论未经审视的事物或不懂装懂的行为本身

希　好吧，至少对于我和对于他来说，既然你都说了，这件关于礼法的事看起来是有些不同。[1]

苏　[c5] 有点耐心，希琵阿斯；因为我们或许会假设，我们落入了与刚才相同的关于美的困境中，但却有另一种解决之道。

希　此话怎讲，苏格拉底？

苏　我来告诉你，事情至少对我显得清清楚楚，如果我说的话。[298d] 因为这些关于礼法和事业可能会呈现出的事物，显得并非存在于感觉之外，而是恰好通过听和看呈现给我们的。不过，让我们坚持上述这一论点，通过上述感觉得到的快乐就是美，[d5] 而不要把关于礼法的论点带入讨论的中心。[2]

就不美。反之，审视自己的生活并自称无知则带有鲜明的苏格拉底式标签。

1　"某人"其实就是苏格拉底本人，但从希琵阿斯这里的反应来看，他似乎并未意识到这一点。这意味着他也听不出苏格拉底起誓的弦外之音。

2　礼法不是抽象的道德秩序，它要么表现为可见的成文法，要么表现为可听的统治者命令。礼法满足定义六的一个条件，却与快乐不相容。因此苏格拉底建议，暂时不要考虑礼法这个反例。

可是，假如我谈论的这家伙，或者随便其他哪个人问我们"希琵阿斯和苏格拉底呀，[1]为什么你们区分了种种快乐，你们把这一类快乐说成是美的，却又不把另一些［298e］感觉，诸如饮食、情爱之事以及其他所有类型的快乐称为是美的？[2]除非你们说在那些感觉里面根本就没有快乐，或者说快乐只存在于视觉和听觉中"，我们该怎么说，希琵

---

[1] "某人"唯一一次同时对苏格拉底和希琵阿斯两人一起说话。希琵阿斯始终未能将苏格拉底和"某人"二人视为一体。反过来，"某人"却将希琵阿斯和苏格拉底视为一体。这暗示一与二的关系将成为认识美的枢纽关节。

[2] 情爱（taphrodisia）直译为"阿芙洛狄忒的那些事"，古希腊人以此指代性行为。情爱令人想起爱欲，但爱欲及其衍生词从未出现在《希琵阿斯前篇》中。爱欲对于理解美对灵魂的作用非常重要，然而对话几乎完全回避了这个问题，《希琵阿斯前篇》是一篇缺乏爱欲的对话。尽管希琵阿斯也从美的身体开始定义"美"，一如《会饮》中第俄提玛关于爱欲的教诲是从美的身体出发的（210a-b），但由于希琵阿斯本人缺乏对美的爱欲，故而无法沿着美的阶梯向上攀升。

阿斯?[1]

希　[e5]我们当然该说,苏格拉底,在其他感觉之中也存在着巨大的快乐。

苏　"既然,"他说,"这些[感觉]和那些[感觉]同样都令人快乐,为何你却拿走这名号,否认它们[299a]的美呢?"[2]

我们会说:"谁不会嘲笑我们,如果我们说味道不使人快乐,却美,香气不使人快乐,却美? 至于情爱之事,大概所有人都会同我们争辩,认为它最快乐。[3]然而却必须得这样,[a5]有人干这事儿时

1　"某人"甫一登场,立刻投入激烈的辩论。他将苏格拉底与希琵阿斯视为他共同的论敌,并与之展开交锋。他们的交锋一共分为十个回合。第一回合,"某人"断言,快乐不仅仅局限于视觉和听觉,快乐同样存在于其他感觉之中。希琵阿斯表示同意。

2　第二回合,既然快乐存在于一切感觉之中,那么,仅仅将美界定为通过视觉和听觉而来的快乐,便缺乏根据,因为从其他感觉获得的快乐在程度上丝毫不逊于从视觉和听觉获得的快乐。言下之意,一切快乐皆美。

3　苏格拉底拒绝将快乐直接等同于美。他举了味觉和嗅觉的例子,证明并非所有感官的快感都美。他甚至进

不能被人看见,因为被人看见最丑。"[1]

假如我们这样说,希琵阿斯,他也许会说:"我很理解,刚才,你们羞于承认这种表面上的快乐是美

一步指出,情爱的例子证明,最强烈的快感在特定条件下甚至有可能最丑。

[1] 最强烈却最丑的快乐,令人想到阿瑞斯和阿芙洛狄忒的爱情故事。这个故事颇有几分谐剧色彩:战神阿瑞斯与爱神阿芙洛狄忒私通幽会,却被阿芙洛狄忒的丈夫工匠神赫菲斯托斯设计抓个正着。愤怒的赫菲斯托斯放声大喊,呼唤宙斯和其他神明来观看这"可笑而又不合适的行为"。男神们闻声而来,波塞冬、赫尔墨斯和阿波罗都来了,女神们出于羞耻,都留在家里。大家看到赫菲斯托斯的机关时大笑不止,议论纷纷。

阿波罗问赫尔墨斯,纵然身陷牢固的罗网当中,他是否愿意与金色的阿芙洛狄忒同床共眠。赫尔墨斯这样回答:"尊敬的阿波罗,我当然愿意这样。纵然有三倍的罗网,就算男神们和所有的女神都注目观望,我也愿意睡在金色的阿芙洛狄忒身旁。"赫尔墨斯的话再次引得诸神哄堂大笑,唯独波塞冬除外。参见《奥德赛》8.266-366。

的，而有些家伙却并不这样看。[1] [299b] 可是，我要问的不是这些，不是多数人认为什么是美，而是美是什么。"[2]

我想，我们会重复上面那番说法："至少我们会说，快乐的这一部分，[3] 由视觉和听觉所生成的快乐，是美的。"但是，[b5] 你是维持这一论点呢，还是咱们谈些别的，希琵阿斯？

希 必须维持，至少对于已经谈论过的来说，苏格拉底，除了这一点没啥好说的了。

苏 "你们说得漂亮，"他说，"假如说 [299c] 悦目的和悦耳的快乐是美的，任何不属于上述的快

---

1 苏格拉底和希琵阿斯一致认为，性爱是私密的，被人看见最丑。但赫尔墨斯的感叹表明，即便被人看见，依然有人认为性爱的快乐值得追求。

2 第三回合，无论情爱的快乐是否属于美，"某人"成功将苏格拉底支持及其反对的主张降格到意见层面（dokei），这样无论苏格拉底持有哪种立场，他所探究的不过是美的意见，而非美本身。

3 苏格拉底和希琵阿斯都谈到过整全（288e7，295c8，301b2），但只有苏格拉底谈及部分。

乐显然不美,对吗?"

我们会同意吗?

希　同意。[1]

苏　"那么,通过视觉得来的快乐,"他说,"等于通过视觉[c5]和听觉得来的快乐吗?"

我们会说:"从任其一种感觉得到的快乐,绝不可能等同于从这两种感觉共同得到的快乐——因为在我们看来,你会这样说——但是,我们曾说过,这些[快乐]中的每一个,就其自身而言是美的,二者合在一起也是美的。"难道我们不该这样[c10]回答吗?

希　[299d]当然。[2]

---

[1] "某人"的第三回合并未动摇苏格拉底和希琵阿斯的原有立场,于是他从第四回合起,准备在逻辑上驳倒定义六。

[2] 第五回合,"某人"的策略是,由于二不等于一,所以从视觉得来的快乐有别于从视觉和听觉共同得来的快乐。苏格拉底察觉到"某人"的企图,随即辩解道,视觉和听觉各自得来的快乐美,共同得来的快乐也美。例如雅典娜女神像的美,来自视觉的快乐,而肃剧的美,来自视觉和听觉共同的快乐。不过,他确实没说前一种美与后一种美是同一种性质的美。

苏 "那么,"他会说,"一种快乐与另一种快乐有区别吗,至少在令人愉快方面?我问的不是快乐在大小多少方面的区别,而是它们在以下方面是否有所 [d5] 不同,即一种 [算] 快乐,而另一种不 [算] 快乐?"

至少我们不这样认为,不是吗?

希　的确不这样认为。[1]

苏 "那么,"他会说,"它们是快乐岂非另有原因?你们偏爱这些快乐,而不是另一些快乐,[299e] 一定是在两者中发现了某种 [属性],这是其他快乐所没有的,正因为此,你才称其为美,不是吗?通过这视觉得来的快乐之所以美,是因为它通过视觉得来,若这就是它成为 [e5] 美的原因,那么另一种快乐,通过听觉得来的,就不可能美;至少它 [的美] 不通过视觉而来。"

我们该说"你说得对"吗?

1　第六回合,"某人"从苏格拉底和希琵阿斯的辩解出发,得出结论,尽管快乐的事物在令人愉悦的程度上有所不同,但它们都能使人产生愉悦的感觉,就此而言,快乐的事物虽然形式各异,但本质相同。

希　嗯，我们该这样说。[1]

苏　[300a]"通过听觉得来的快乐之所以是美的,其原因不会是因为它通过听觉而来;因为若是如此,通过视觉得来的快乐就不美,至少不等于通过听觉得来的快乐[的美]。"

我们要承认,希琵阿斯,那家伙说得对吗?

希　[a5]对。[2]

苏　"尽管如此,可通过视觉得来的快乐和通过听觉得来的快乐都是美的,如你们所说。"

我们会这样说吗?

---

[1]　第七回合,并非所有快乐都美,通过视觉和听觉得来的快乐才是。那么美便源自视觉与听觉共有的某种特质,这意味着视觉或听觉都不可能是这类快乐成其为美的原因。苏格拉底和希琵阿斯必须同意这说法,否则就与他俩在第五回合的主张相矛盾。

[2]　第八回合是一个承上启下的环节：一方面它是第七回合的必然结果；另一方面,视觉和听觉各自具有的属性不同于它们共有的属性,这是之后一与二离题话的肇因。希琵阿斯虽然在这里承认"某人"说得对,可当苏格拉底复述"某人"的观点时,希琵阿斯却强烈反对。

希　没错。[1]

苏　"通过视觉得来的快乐和通过听觉得来的快乐具有某种相同的属性——这一属性使它们［a10］合在一起时成其为美，［300b］分开时亦成其为美；否则这两者不可能合在一起时是美的，各自［分开时］也是美的。"

回答我，就像回答那家伙一样。[2]

希　我会回答，依我看，我赞成你的说法。

［附释］回顾双方全部十个回合的论战，希琵

1　第九回合重复了最初的论点，为第十回合的结论做准备。

2　前九个回合，针对"某人"的挑战，苏格拉底和希琵阿斯的全部回答都是以"我们"的名义做出的，唯独第十回合，苏格拉底要求希琵阿斯像回答"某人"那样回答他。至此，苏格拉底将取代"某人"，成为希琵阿斯的论敌。他俩也将从联合走向分离。

视觉与听觉各自具有的属性与它们共同具有的属性相同，这使得它们无论是合是分都是美的。这一观点与第八回合的观点互为补充。在离题话中，希琵阿斯赞成第十回合的观点，反对第八回合的观点。

阿斯从头到尾都在附和苏格拉底,没有提出反对意见。但他没意识到,苏格拉底的身份悄然发生了变化:他从第一个回合时的盟友,到最后一个回合时摇身一变,竟站在了"某人"的一边,成了希琵阿斯的论敌。

等希琵阿斯幡然醒悟时,他与苏格拉底之间产生的裂痕已无法挽回,以至于他罕见地对苏格拉底接下来的主张提出了强烈的反对。

一与二的离题话

[题解]"某人"在这段离题话中再一次保持了沉默,苏格拉底开始小心翼翼地就美的共性与特性向希琵阿斯发起挑战。苏格拉底证明,你和我各自都是"一",但我们则是"二"。正如你和我各自都是奇数,不意味着"我们"是奇数。同理,我们各自是什么,也不等于我们共同是什么。精通数学的希琵阿斯会被苏格拉底的推理说服吗?

苏 如果这两种快乐本身共同具有某种属性,[b5]而各自都不具有,那么这一具有的属性至少不会使这两种快乐成其为美。[1]

希 这怎么可能,苏格拉底,两种快乐分开来

---

[1] 戏剧产生的快感是视觉和听觉共有的属性,如果这种快乐是美的,那么这种美一定不同于源于音乐的美,或源于图画的美。

各自都不具有的属性,合在一起如何就会共同具有呢?[1]

苏 [300c] 在你看来不可能?

希 若是这样,那我对以下两方面简直就是一窍不通,一方面是关于这些快乐的自然(physeōs),另一方面是关于刚才论证的风格。[2]

苏 还算[说得]痛快(hedeōs),希琵阿斯。可是,由于我碰巧[c5]见过某种东西,它虽然显

---

[1] 希琵阿斯把矛头直指苏格拉底,显然是因为苏格拉底改变了立场,要求希琵阿斯像回答"某人"一样回答他。

希琵阿斯对个人性和公共性的辩证关系缺乏充分认识,其实有迹可循:在序曲部分,苏格拉底称赞希琵阿斯在个人事务和公共事务两方面都表现得精明能干,希琵阿斯却用一般事务取代了公共事务(281b5-d)。这表明他对公共性的理解仅限于一般性。

[2] "自然"一词第二次出现。"自然"在对话中一共出现过两次(293e,300c),苏格拉底和希琵阿斯各使用过一次。"风格"(lexis)是修辞学术语,苏格拉底曾说过,希琵阿斯乃自然学和修辞学方面的大师,参见《普罗塔戈拉》315c。

得如此，但如你所说，它不可能存在。所以，我怕是看走眼了。[1]

希 不是碰巧，苏格拉底，你确实看走眼了。

苏 确实有许多这样的事物呈现在我［c10］的灵魂面前，但我却不敢相信它们，因为它们没有向你这样一位男子汉显示，［300d］在今日凭借智慧赚了最多的钱财，而我，却分文未赚。

我在想，友伴啊，你是不是在逗我玩、故意欺骗我？许多［事实］确实如此有力地向我显现。[2]

---

[1] 苏格拉底取代了"某人"的位置，与希琵阿斯正面辩论。如果说定义五的探究是苏格拉底与希琵阿斯一起合作，是一个二而一的过程，那么定义六则是二人的论辩，是一个一而二的过程。苏格拉底与希琵阿斯的关系也逐渐从合作走向分离。

一开始，苏格拉底还表现得比较客气。他将自己的论证严格限定在定义六的框架内——快乐和视觉。"痛快"是"快乐"的副词形式；此外，他还两次提到"看"（horan, horo）。

[2] 苏格拉底表面上在开玩笑，希琵阿斯也以为苏格拉底在开玩笑，但苏格拉底其实很严肃。当他说"许多事实显得如此"时，这句话顺承希琵阿斯善于敛财的事实。

希　[d5] 没有谁,苏格拉底,比你更漂亮地清楚我是不是在逗你玩,如果你打算谈论这些对你显现的东西。[1]

因为,你不会发现有什么东西像你说的那样,你绝不会发现一个既不属于你又不属于我,但却共

这很难使读者不把这一论断与希琵阿斯的行为联系起来——希琵阿斯作为修辞术教师收费授业,报酬丰厚的快乐是美的;他作为厄利斯的使节为城邦效力,收获名声的快乐也是美的。问题在于,他作为使节,借出访雅典之机在斐多斯特拉图斯学园举行演说,假公济私,这到底算不算美呢?

在希琵阿斯本人看来,既然教师和使节的行为获得的快乐各自都美,合在一起当然也是美的。可在苏格拉底看来,恐怕就不那么美了。所以这一次,苏格拉底用的是"我的灵魂"而非"我们的灵魂",因为这些事物却从未向"希琵阿斯的灵魂"显现。智术师与哲人灵魂感知的对象在一定程度上决定了他们在灵魂品质上的差异。

1　希琵阿斯强调他没有跟苏格拉底开玩笑。希琵阿斯是一个严肃的人,从来不开玩笑,因为这不符合他一贯的美学主张——笑是低俗的,跟丑相关。

同属于我俩的东西。[1]

苏　[300e] 你在说什么,希琵阿斯?你说的东西,有些地方我不大明白。但是,你听我说,听清楚我想要说什么。[2]

因为对我显示的这东西,既不是我的属性,也

---

[1] 希琵阿斯显得对这个问题非常有把握。这一方面得归功于他本人精通关于自然和表达风格的知识,另一方面则归功于苏格拉底客气的态度。苏格拉底的态度带有鼓励成分,果然,希琵阿斯一改与"某人"交锋时的唯唯诺诺,摆出一副战斗的姿态,投入到接下来的思辨活动中。此番言论看似在复述 300b 的说法,其实不然。前番观点谈的是两种快乐的属性,此番观点谈的是我们的属性。换言之,希琵阿斯无意间用"我俩"取代了悦目的和悦耳的快乐。属性(pathos)源于动词"受…作用"(paschō),假如说悦目的快乐受视觉作用,悦耳的快乐受听觉作用,那"你我"受什么作用呢?

[2] 苏格拉底说他不明白实乃装样子。前一回合,苏格拉底告诉希琵阿斯,他看到过一些事实,不同于希琵阿斯的主张,结果希琵阿斯不予理会。这一次,他请希琵阿斯听他讲。换言之,定义六涉及的视觉活动和听觉活动他都没有遗漏。

不是你的属性,却是我俩的属性。[e5] 反过来讲,我俩的属性,却不是我们各自的属性。

希　你像又作了番奇谈怪论式的回答,苏格拉底,比你前一次的回答更奇怪。[1]

想想吧! 如果我俩都是正义的,难道我们各自不也是正义的吗? [e10] 如果我们各自是不义的,难道我俩不都也是不义的吗? 或者,如果我们是健康的,[301a] 难道各自不也是健康的吗? 如果我们各自吃了苦,受了伤,挨了打,或者遭受到了其他类似的情况,难道我俩不也共同遭受到了这种情况吗?[2]

再比如说,如果我们都是黄金,或白银,或象

1　苏格拉底其实想说,部分的性质不同于整体的性质。希琵阿斯却感到不可思议。按照他如下论述,部分的性质应当等同于整体的性质才对。希琵阿斯的奇怪感受反映出二人对于部分与整体的关系存在分歧。

2　希琵阿斯一共举了三组例子反驳苏格拉底。第一组有五例:正义、健康、吃苦、受伤、挨打。其中,正义得到了正反两面的透彻说明;而吃苦、受伤、挨打表现为健康的对立面。这暗示与正义相对应的不义也有不止一种类型。

牙，还是你想要的那样，出身高贵，或聪明绝顶，[a5] 或受人景仰，或年老，或年少，凡是你在人们之中想要的，我俩碰巧都共同拥有，那我们各自不也必然如此吗？[1]

苏　[301b] 全是如此。

希　可是你呢，苏格拉底，没有考虑到诸事行的种种整全，习惯与你交谈的那些人也没考虑到。你们是这样考察美的，先把美分开，[b5] 然后在论证中把存在着的各个［美］孤立起来。正因为如此，你们才没注意到"存在的物体那种［自然］生长的

---

[1]　第二组有三例：黄金、白银、象牙。这组例子不够准确，因为无论苏格拉底还是希琵阿斯都不可能是黄金的、白银的或象牙的，至多说以他们为模板制作的雕像如此。

从这一组例子可以看出，希琵阿斯理解的部分与整体的关系，类似于一小块金子和一大块金子之间的关系，部分与整体彼此相同。他没考虑到，五官与脸的关系也是部分与整体的关系，而且彼此不同。参见《普罗塔戈拉》349b—d。

第三组有五例：身份、智慧、尊严、年老及年少。这三组例子为接下来讨论美的例子做准备。

而你现在没法注意到这一点,以至于你以为存在的某物不是属性,就是实体,或者你以为某种性质为二者共同所有,[301c]却不存在于各自之中,要不然就相反,某种性质为各自所有,却不存在于二者共同之中。你们老是这样,没有逻辑,没有方法,没有常识,没有洞见。[2]

---

[1] 希琵阿斯从批评从"你"扩展到"你们",这一方面说明他批评的对象从苏格拉底本人扩展到习惯跟苏格拉底交谈的人们;另一方面,他虽然也跟苏格拉底交谈,却不属于习惯与之交谈的那群人,从而与之区分开来。苏格拉底及其伙伴过于注重细枝末节,缺乏对整体性的观照,看到超越事物特殊性之上的一般性。希琵阿斯的最后一句似乎在用典,但出处不可靠。他用到了"自然"的动词形式"生长"(pephykota),注重事物的伟大与连贯,警告苏格拉底们的探究方式有违自然。

[2] 这段话沿用了上一段由点及面的批评思路,但精通记忆术的希琵阿斯显然忘记了赫菲斯托斯捉奸的故事:阿瑞斯和阿芙洛狄忒各自都是美的,但在捉奸在床这件事上,他们在一起是丑的。另外,他似乎也忘记了定义一是如何失败的:少女和雅典娜各自都是美的,但当她们在一起时,少女的美因比较而消失了。

苏　确实如此，希琵阿斯，我们的事情就是这样，常言道，[c5] 没人希望如此，但却只能够如此；不过你一直劝告我们，提携我们。事到如今，在我们接受你的这些劝告之前，我要讲述我们关于这些事情的想法，以此向你展示我们刚才是多么没有常识，[301d] 还是说，我不用讲了？[1]

希　你是在跟一个明白人说话，苏格拉底。因为我对每一个人的论证方式都了如指掌。不过，要是你高兴说就说吧！

苏　[d5] 这确实更令我高兴。因为我们，最优秀的人啊，是如此愚蠢，在你面前说这些，相信你和我，我们各自是一，也就不是我俩在一起时的那样——因为在一起我俩就不是一，而是二——我们可真幼稚。[2]

可现在，[301e] 我们从你那儿重新学到了，如

---

[1] 苏格拉底在短短一段话里多次提及"我们"，俨然以哲人族代言人身份回应希琵阿斯的批评。

[2] 同理，部分若是两个等腰直角三角形，整体既可能是一个等腰直角三角形，也可能是一个正方形。希琵阿斯只考虑到前者，没预料到后一种情况。

果我俩是二,那么我们各自也必然是二,如果我们各自是一,那么我俩也必然是一;因为根据希琵阿斯关于连贯的说法,没有别的可能,只可能是如此,两者共同是什么,[e5] 它们各自就是什么,它们各自是什么,两者共同就是什么。

如今,我被你说服了,这就是我的立场。在此之前,希琵阿斯,提醒我一下:我和你是一,还是你是二,我也是二?[1]

希　你在说什么,苏格拉底?[2]

苏　[e10] 我正在说这个;因为我担心你肯定

---

[1] 典型的苏格拉底式归谬法,希琵阿斯断言,我们各自的属性就是我俩的属性。苏格拉底首先假设希琵阿斯的结论为真,然后以此为前提,引入数学的例子,我是一人,你也是一人,但我俩不可能是一人,而是二人,由此说明希琵阿斯的论断是错误的。

[2] 从表面上看,希琵阿斯在自己擅长的数学领域被苏格拉底绕得晕头转向,可实际上,苏格拉底不过是以数学为例,向希琵阿斯展示整体与部分的差别,而这一点之前从未向希琵阿斯的灵魂显现。

关于整体与部分关系的论述,参见亚里士多德《形而上学》卷七 1041b10 以下。

第三场　苏格拉底论美

会说，[302a] 你对我气得很，因为你会相信你自己说的东西。不过，还是告诉我吧：一难道不是我们各自具有的这个性质吗？

希　当然。

苏　如果真的是一，那么我们各自就是奇数；难道你不把一当作奇数吗？

希　[a5] 是奇数。

苏　那么我俩一块儿算是二，也是奇数？

希　那不可能，苏格拉底。

苏　相反，我俩是偶数，不是吗？

希　当然。

苏　我俩是偶数，基于此，难道我们各自不也都是 [302b] 偶数吗？

希　当然不是。

苏　那这也不是绝对的，就像你刚才所说，我俩是什么，我们各自也就是什么，我们各自是什么，我俩也就是什么。

希　至少不是在这方面，而是在我先前说过的那些方面。[1]

1　希琵阿斯认为快乐不属于这类情形，因为快乐在

[附释] 一不等于二，这是人尽皆知的数学常识。数学教会我们如何计算同质性的对象，但数学不负责分辨哪些对象是同质性的，哪些是异质性的。对同质性和异质性的区分，是数学得以成立的前提。数学不反思其前提，这项工作最终落到了辩证法头上。

这段离题话反映出，希琵阿斯习惯于以数学思维思考问题，即善于处理同质性事物，他不习惯处理异质性事物，只有将异质性事物的某些属性抽离掉，变成同质性事物，他才能够理解它们。人性既包括了同质性特征，也包括异质性特征，而希琵阿斯所谓的"整全性视角"恰恰体现对人的片面理解。

部分和整体方面具有同一性。亚里士多德也认为，快乐的性质不同于奇偶数的性质。当偶数划分为若干部分后，可能丧失其偶数的性质；当奇数划分为若干部分后，必然有某一部分会丧失奇数的性质。快乐则不然，要是在部分中没有快乐，在整体中一定也不欢。参见《政治学》1264b20。

比较柏拉图《王制》："我们要使我们的城邦成为最幸福的城邦，并不能只顾及城邦中的某一个阶层，只使它幸福。"（466a）

美的二重性

[题解] 二者共有的性质不等于各自分有的性质。原本精通数理知识的希琵阿斯被苏格拉底似是而非的数学论证搞得晕头转向——关于结合与分离的知识超出了数学的范畴。最终,希琵阿斯不得不承认,美具有如下性质:事物各自分有的属性不同于它们共有的属性。倘若如此,悦目的和悦耳的快乐就不同于悦目的或悦耳的快乐。因为,二不等于一。

苏　[b5] 这就足够了,希琵阿斯。这些就令我满意了,有些事物如此呈现,有些则不然。因为如果你还记得这论证是从何说起的话,我当时说,通过视觉和听觉得来的快乐之所以是美的,凭借的不是 [302c] 两者各自碰巧分有却不共有的性质,也不是两者共有却不各自分有的性质,这种快乐所凭借的,是两者共有又各自分有的性质,因为你同意,通过视觉和听觉得来的快乐无论合起来还是分开都是美的。

正因为如此，凭借 [c5] 两者所共有的本质，我曾以为，如果两者真的是美的，那么它们肯定是凭借两者共有的本质才是美的，而并非各自分开才是美的；而我现在仍然这样以为。

告诉我，就像刚开始那样：如果通过视觉得来的快乐和通过听觉得来的快乐不仅两者 [302d] 共同都是美的，而且各自也是美的，那么使它们美的本质是否如此，不仅存在于它们共同之中，而且存在于它们各自之中？

希　当然。

苏　由于它们不仅分开来各自是快乐，而且合起来共同也是快乐，因此它们就是美的？或者因此至少 [d5] 其他所有的快乐也不遑多让，也是美的，因为它们正好显得是快乐，如果你还记得的话？

希　我记得。

苏　[302e] 相反，至少是通过视觉和听觉得来的，所以是美的。

希　是该这样说。

苏　再想想，如果我说得对的话。因为刚才说过，要是我没记错的话，这种快乐是美的：并非所有的快乐，而是［e5］通过视觉和听觉得来的快乐。

希　对。

苏　这个性质属于两者共有，而不是由各自分有，难道不是吗？因为各自分有，如前所述，至少不属于两者共有，两者共有是由双方共同构成，而各自分有则不是，是这样吗？

希　是的。

苏　至少无法凭借这个使［e10］它们各自成其为美的，因为这个不属于各自的性质，就像它们成共同的双就可以成其为美，根据假设，而各自单独却可以不美；［303a］要不我们该怎么说呢？这不是必然的吗？

希　看起来是。

苏　若我们称双是美的，还可以说单独的每一个不美吗？

希　还有什么能反驳我们这样说吗？

苏　至少在我看来，朋友啊，反驳我们的是：［a5］对我们来说，有些事物具有某些性质，它们属于二者共同的性质，也属于各自单独的性质，反之亦然，你所见过的所有事物都是如此，对吗？

希　是。

苏　可我见过的未必如此；其中，便存在 [a10] "各自"本身和"双"的例子。是不是？

希　是的。

苏　[303b] 那么，希琵阿斯，在你看来，美属于哪一种？是你刚才所说的那种吧，如果我强壮你也强壮，那我俩都强壮；如果我正义你也正义，那我俩都正义；如果我俩都正义，那么我们各自也正义；这样的话，如果我美 [b5] 你也美，那么我俩都美，如果我俩都美，那么我们各自也美？[1]

还有另一种情况，就像当两数之和是偶数时，它们各自既可能是奇数，也可能是偶数；而当各自是无理数时，它们之和既可能是有理数，[2] 也可能是 [303c] 无理数。类似的情况不计其数，要我一一呈现出来吗？

在这两者中，你把美放在哪边？不知道我们的

―――――――

[1]　如果有两人各自都很强壮，却彼此不和，合在一起未必也很强壮；反之，两个各自都很羸弱的人，如果团结"一"心，也可能强壮。

[2]　$(2+\sqrt{2})$ 和 $(2-\sqrt{2})$ 都是无理数，但它们之和是有理数。

想法是否不谋而合？因为至少在我看来，这是十分不合逻辑的，我俩是美的，而我们各自却不是美的，[c5]或我们各自是美的，而我俩却不美，你将作何选择？还是跟我一样？[1]

希 跟你一样，苏格拉底。

苏 你还算做得不错，希琵阿斯，这样我们就能从[303d]更多的研究中解脱出来；因为美若属于这些事物，那么通过视觉和听觉得来的快乐事物就不再是美。因为通过视觉和听觉得来的快乐事物是由双方共同造成的美，而不是由各自造成的美；这是不可能的，一如我们同意的那样，[d5]希琵阿斯。

希 我们都同意。

---

1 在举奇偶数的例子之前，苏格拉底一共列举了三种情形：强壮、正义和美。如今，他只提到"我俩是美的,但各自却不美"这种情况不合逻辑，但没再分析强壮和正义的情形。

事实上，在苏格拉底的刻意引导下，希琵阿斯忘记了定义二的例子：石头和象牙都不及黄金美，但石头制作的眼睛与象牙制作的手臂可以造就雕像的整体美。

苏　那么，通过视觉和听觉得来的快乐事物就不可能是美的，就算变成美的，这一快乐事物也会成为某种不可能的东西。

希　[d10] 是这样。

苏　"那你们再说一次，"他说，"从一开始，[303e] 你们就把这完全弄错了；你们所说的是，这美是关于两种快乐的，因此，相对于其他，你们称这些为美，并器重它们，是吗？"

在我看来，希琵阿斯，肯定要说是那些最无害的快乐 [e5] 和最好的快乐，无论共同还是各自都如此；或者你还要说点别的吗，使得它们显得与众不同？

希　根本不用，因为这些快乐最好。[1]

苏　"这样的话，"他会说，"你们所说的美就是有益的快乐喽？"我们觉得如此，至少我会这样说，你呢？

希　[e10] 我也是。

苏　"难道有益的，"他会说，"就是使某物变好

---

[1] 美由此被界定为"有益的快乐"，从而重蹈了定义五的覆辙，决定了其不可挽回的失败命运。

吗,而原因和结果是两回事,刚才已经说过了,我们的论证不又回到老路上去了吗?因为善不 [304a] 是美的,而美也不是善的,如果它们各自是与众不同之物的话。"

要全盘认同吗,希琵阿斯,如果我们放聪明点的话?因为不应该反对一个论述正确的人。

[附释] 定义六的失败导致一个严重的后果——希琵阿斯发怒了。他对苏格拉底讨论方式的不满终于爆发了。

希琵阿斯的勃然大怒,打破了一直以来相对友好的谈话气氛,它释放出一个强烈的信号,预示着对话很可能就此结束。我们不知道,如果希琵阿斯按捺住性子,苏格拉底和希琵阿斯会不会坚持不懈地探究美的定义;我们更不知道,如果定义的尝试一直持续下去,屡败屡战的他们最终能否发现美。

悦目的快乐和悦耳的快乐与定义一里的少女之美和里拉琴之美遥相呼应,这不免让人怀疑:希琵阿斯与苏格拉底是否真像"某人"嘲讽的那样,仿佛石磨上的石头,不停围绕意见转圈,无法踏上探寻真理的正确道路?

尾声 美事艰难？

［题解］维持着讨论的友好气氛消失了，希琵阿斯对苏格拉底忍无可忍，原本一起探究的二人又重新复归各自的"一"。作为整全的对话之"二"随着友好气氛的消失而消失。维持"二"的统一如此艰难，以至于重又为"一"的苏格拉底感叹：美事艰难。

对于苏格拉底的感叹，希琵阿斯一定很不以为然。他早就说过，认识美是一件轻而易举的事，只要苏格拉底不在一旁捣乱，发现美易如反掌。三天后，在斐多斯特拉图斯学园，高谈"美的事业"的希琵阿斯，将再次被苏格拉底驳倒。不知那时，他是否会回想起"美事艰难"的感叹。

尾声 美事艰难？ 157

希　可是，苏格拉底，你认为整个儿这些算是什么？[a5] 无非是些支离破碎的咬文嚼字，如我所说，被割成一小块一小块的。

要说美而且价值连城的是，既好且美地发表一篇演说（logon），在法庭、在议事会上或对着其他某个执政官 [304b]。这篇演说不仅有说服力，而且可以得到不是最少的，而是最多的奖赏，不但可以捍卫自己，甚至可以捍卫自己的财富和朋友们。[1]

这才是值得我们下功夫的事业，告别那些细枝末节吧，[b5] 以免有人胡说八道，显得很不懂事。[2]

1　希琵阿斯再也忍受不了苏格拉底，和盘托出了自己对于美的真实看法：美就是创作美的演讲的能力。就此而言，希琵阿斯会同意定义五的说法——美是善的原因，但希琵阿斯不同意苏格拉底的进一步主张——美不是善。美不排斥善，所以美是既好且美地发表演说，美被界定为一种创作美的逻各斯的能力。

希琵阿斯没提自己最拿手的炫示型演说，当这种美的逻各斯作用于青年时，将产生善的结果——学费和掌声。

2　救济朋友意味着慷慨，无疑是一种美的事业。这事业以私人财产为前提，从而以赚钱的才能——诉讼演说或庭议演说——为前提。既然逻各斯在这里是美的原因，

苏　友好的希琵阿斯啊,你真幸运,因为你知道一个人必须养成[的习惯],而且你干得非常棒,一如[304c]你所说。[1]

可冥冥之中,仿佛有命神抓住我,使得我犹豫不决。[2] 不但一直处于困惑之中,而且还把自己的困

那么逻各斯就是美。苏格拉底没有否认这番说法,尽管他关于逻各斯的理解与希琵阿斯有分歧。

[1]　苏格拉底称呼希琵阿斯"友好的",试图重拾二人的共识。毕竟,哲人跟智术师一样,认可逻各斯的美。不过,哲人和智术师对于美的逻各斯将产生哪种性质的善,有不同的见解:智术师认为,美的言辞产生物质与精神的奖赏,才叫善;而哲人认为,美的言辞在灵魂中孕育出德性,才称得上善。正因为如此,苏格拉底才认为美事艰难。

[2]　命神(daimonia),没有具体的模样,跟个人的命数有关,是非常个人化的神灵。苏格拉底不止一次提到过他的命神,根据他的说法,他的命神反对他参与政事,参见《苏格拉底的申辩》31d以下。这是苏格拉底唯一一次提及命神,其主要功能是使苏格拉底陷入犹豫(planōmai)。"犹豫"是结束《希琵阿斯后篇》的最后一词,也是理解《希琵阿斯后篇》结尾的重要线索。

惑展示给你们这样的聪明人看,自从我展示以来,反而在言辞上遭到你们的攻击。你们说,像你刚才[c5]所说的,我尽操心愚蠢的、琐碎的、没有价值的事情。

可一旦我听从你们的劝告,并且像你们那样说,最能干的是,既好又美地完成一篇演说,在法庭或者其他[304d]什么集会上。别的一些人,尤其是这家伙老是反驳我,他们对我说的全是坏话。因为他碰巧是我的至亲,而且跟我住在同一屋檐下。因此,只要我一回到家,让他听到我说的这番话,他就会问我晓不晓得羞耻,竟敢谈论种种美的事业,因为我在美的方面被驳斥得如此体无完肤,连美本身是什么都不知道。[1]

"你怎么知道,"他会说,"你怎么知道[304e]如此一篇演说发表得美还是不美,或者其他类似的行为美不美,如果你不认识美的话?当你处在这种

---

1 "某人"把演说与行动相提并论,这意味着发表演说本身就是一种行动。在"某人"眼里,希琵阿斯提出的并非"美"的定义,而是"美的事业"的定义。

正确行动的前提是正确认识,言下之意,认识而非发表演说,才是真正的逻各斯的活动。

状态时,你还以为你活着比死去了更强吗?"[1]

这事儿就发生在了我身上,一如我所说,既被你们责备,又被他辱骂。尽管如此,我却必须忍受所有这些事情,但愿我不会无所受益。所以在我看来,希琵阿斯,我从和你们双方的切磋中受益匪浅;[2]因为那句箴言"美事艰难",[3]我好像明白了。

---

[1] "某人"把演说与行动相提并论,这意味着发表演说本身就是一种行动。正确行动的前提是正确认识,言下之意,认识而非发表演说,才是真正的逻各斯的活动。

[2] 经过这六次定义,希琵阿斯和"某人"的立场都没有明显的变化,唯一有明显变化的是苏格拉底,他认为他在与其他两人的交往中获得了帮助,领悟了梭伦的古谚。

[3] 这句古谚在柏拉图对话中一共出现过四次:《王制》435c、497d,《克拉底鲁》384a-b以及本处。根据古注,这句古谚源于梭伦对于匹塔科斯拒绝连任米提勒涅的僭主的理由的回应。他的理由是"保持好是困难的"。对匹塔科斯这一观点的讨论,参见《普罗塔戈拉》339-346。

就希琵阿斯而言,说美的事物难,是因为它们难以捉摸。美的事物的魅力阻碍认知,使希琵阿斯这样的人不能穿过事物表面看到事物的本质。美的事物在某种意义上就是那些表面,是事物的外观和声音。因此,《希琵阿斯前

[附释] 美的艰难性体现出外表美和实在美的含混性。希琵阿斯强调外表美的重要性，但他对外表美的青睐和追求实则服务于实在美——赚钱。相比之下，苏格拉底同样追求实在美，但他对于实在美的看法必须从灵魂出发去理解。"灵魂"一词在对话中共出现过两次，皆出自苏格拉底之口，希琵阿斯从不谈论灵魂，所以他对美的理解浮于表面，虽然能看穿外表美背后的实在美，但他对实在美的理解仅仅停留在"有用性"的金钱层面，从而与善的意义上的灵魂层面的实在美彻底绝缘。

篇》就为《会饮》提供了一个矫正性的补充。《会饮》描述了美的事物如何上升，通往美本身。《希琵阿斯前篇》则相反，它让美的事物引诱人们，让人们的目光停留在魅惑的外表，沉浸其中，不能自拔。这种既引领人上升又令人沉醉的双重属性，是认识美的艰难性的根源。

希琵阿斯后篇

开场　话题之父欧狄库斯

[题解] 希琵阿斯受欧狄库斯之邀，在斐多斯特拉图斯学园发表了一场演说，主题是"何谓美的事业"。演说甫一结束，欧狄库斯又敦促苏格拉底，要求他发表看法。

与《希琵阿斯前篇》中的积极主动不同，苏格拉底似乎并不愿参与对话。若非欧狄库斯，苏格拉底很可能一直沉默下去。可以说，是欧狄库斯这位雅典青年一力促成了苏希二人的对话。

苏格拉底一边为自己的沉默辩解，一边请教希琵阿斯：阿喀琉斯和奥德修斯，谁更优秀？围绕这一问题，苏格拉底与希琵阿斯展开了三轮激烈的交锋。

欧狄库斯　　[363a] 你又为何一言不发，苏格拉底？[1]

希琵阿斯已经炫示完了。[2] 为何你不一齐来称赞

---

[1] 希琵阿斯曾在《希琵阿斯前篇》中提到过欧狄库斯（286b5），称他为阿佩曼托斯之子，与此同时，他还提到了斐多斯特拉图斯学园。可以推测，欧狄库斯应该是那里的学生。柏拉图寥寥数笔，把欧狄库斯描绘成一位热爱哲学的雅典青年。

本篇对话的第一个词是"你"。雅典青年欧狄库斯如此称呼辈分比自己更高的苏格拉底，有些莽撞无礼，显示出新派智术师教育对宗法习俗的削弱作用。欧狄库斯的语气与《希琵阿斯前篇》中苏格拉底的礼貌客气形成鲜明的对比。

[2] 炫示（epideixis）是一种修辞演说类型。根据亚里士多德，演说可以分为诉讼演说、庭议演说以及炫示演说。诉讼演说用于在法庭上控告或辩护；庭议演说用于在议事会上通过或阻止某个议案；炫示演说则旨在赞美或谴责。参见《修辞术》I.3, 1358b 以下。

智术师普遍精通演说，高尔吉亚即以此著称。在欧狄库斯眼里，希琵阿斯似乎也不遑多让。炫示演说的目的在于美或高贵，所以欧狄库斯才说，如果希琵阿斯讲得不美，苏格拉底可以反驳。

他的演说，或者反驳他，要是在你看来，他讲得不美的话？[1] 尤其是现在，[a5] 只剩下我们了，一群极力要求在哲学上消磨时光的人。[2]

1　紧接着"你"的第二个词是 de［另一方面］。de 通常与 men［一方面］连用，而且放在 men 后面。欧狄库斯的发言不仅突兀，而且不完整。可以推测，欧狄库斯有意要将苏格拉底的一言不发与希琵阿斯的滔滔不绝作对比。

2　"哲学"一词从未在《希琵阿斯前篇》中出现过，在这篇对话中也仅出现过这一次。希琵阿斯把闲暇投入公务和赚钱的事业中；苏格拉底则利用闲暇追求哲学。欧狄库斯自称靠哲学度过闲暇时光，显得像是苏格拉底的同道。另一方面，欧狄库斯又像是希琵阿斯的热烈追随者，这无异于表明，欧狄库斯虽然热爱智慧，却不能够分辨真正的智慧，与《普罗塔戈拉》中的希波克拉底有几分相似。

这段开场白点出了对话的时间和人物：这篇对话发生于希琵阿斯演说刚结束不久，即《希琵阿斯前篇》的三天后（《希琵阿斯前篇》286b5）。参与这场对话的人物除了欧狄库斯、苏格拉底和希琵阿斯，还有少数未发言的"哲学爱好者"。对话地点存疑，可能是在斐多斯特拉图斯学园内，也有可能在欧狄库斯家里，总之是一个相对私密的场合，介于公开演说与私人谈话之间。

苏格拉底 确实，欧狄库斯，有那么些事情，是我乐于请教［363b］希琵阿斯的，与他刚才谈到的荷马有关。[1]

因为我曾听令尊阿佩曼托斯说过，在荷马的叙事诗中，《伊利亚特》比《奥德赛》更美（kallion）；[2]

---

[1] 希琵阿斯讲述了一个涅斯托尔教导阿喀琉斯之子涅奥普托勒摩斯的故事（《希琵阿斯前篇》286b），具体内容已亡佚，史称"特洛亚演说"。演说结束后，苏格拉底一言不发地端坐一旁。三天前，苏格拉底已经与希琵阿斯私下交谈过一次，他直到最后也没弄清"美是什么"，还惹得希琵阿斯勃然大怒。或许出于这个缘故，苏格拉底有些顾虑，不便贸然开口。欧狄库斯虽然粗鲁地点了苏格拉底的名，但后来也帮他打破了尴尬，使对话顺利进行下去。因此，欧狄库斯不仅是希琵阿斯在斐多斯特拉图斯学园发表演说的原因，也是《希琵阿斯后篇》这篇对话得以可能的原因。不过，苏格拉底既没称赞，也未反驳，他选择向希琵阿斯请教。

[2] 《伊利亚特》比《奥德赛》更优美，在古代就已有定论：公元一世纪的古希腊作家朗吉努斯（Longinus）在《论崇高》中赞美了《伊利亚特》始终如一的庄严，却评价《奥德赛》通篇显示出伟大天才走向衰退的特征，宛

相应地，阿喀琉斯也比奥德修斯更优秀（ameinōn）。

他还说，因为在这两部叙事诗中，一部［b5］记叙的是奥德修斯，另一部则记叙阿喀琉斯。²

如落日，光芒犹在，激情尽失。其实，《伊利亚特》传唱的英雄事迹，在《奥德赛》的世界中已"传扬广阔的天宇"，参见《奥德赛》8.74以下。

1　ameinōn是好（agathos）的比较级，参见本书第21页注释2。

2　苏格拉底用近似三段论的方式概述了阿佩曼托斯的观点。大前提：荷马的两部叙事诗《伊利亚特》记叙了阿喀琉斯，《奥德赛》记叙了奥德修斯。小前提：《伊利亚特》比《奥德赛》更美。结论：阿喀琉斯比奥德修斯更优秀。

实际上，三段论的大前提值得推敲：《奥德赛》开篇，诗人请缪斯叙说那位机敏的英雄，当指奥德修斯；而《伊利亚特》开篇，诗人请女神歌唱阿喀琉斯的愤怒。严格来讲，《奥德赛》记叙的确实是奥德修斯，而《伊利亚特》记叙的不是阿喀琉斯，而是全体阿开奥斯英雄，他们上演的事迹则由阿喀琉斯的愤怒引发。随着阿喀琉斯愤怒的平息，叙事诗也就结束了。阿喀琉斯之死对于《伊利亚特》并不重要。相反，死后的阿喀琉斯与奥德修斯在冥府的重逢，却是《奥德赛》的关键情节。

关于那一点，我很乐意请教，若希琵阿斯愿意赐教的话。在他看来，在那二位男子汉中，人们认为哪一位［363c］更优秀（ameinō）？因为许多其他的事情，关于其他诗人与荷马的方方面面，他已经向我们炫示过了。[1]

欧　显然，不论你问他什么事情，希琵阿斯都不吝［c5］回答。是吧？希琵阿斯，不论苏格拉底问你什么，你都会回答，要不然你打算怎么做？[2]

希琵阿斯　欧狄库斯啊！每逢奥林匹亚节庆，我总［363d］是从我的家乡厄利斯前往奥林匹亚山，

---

[1] 苏格拉底愿意就阿佩曼托斯的观点向希琵阿斯请教，表面上是为了欧狄库斯的缘故。实际上，他显然未将阿佩曼托斯的观点看作定论，愿意在阿喀琉斯和奥德修斯之间，重新挑起"谁是最优秀的阿开奥斯人"之争。

阿佩曼托斯、欧狄库斯、希琵阿斯三人的关系再现了"特洛亚演说"中阿喀琉斯、涅奥普托勒摩斯与涅斯托尔的三角关系。

[2] 欧狄库斯抢在希琵阿斯前头替他答应下来，他显然乐于看到两位聪明人就"谁是最优秀的阿开奥斯人"展开争辩。

参加希腊人庄严的聚会。[1] 我将在那儿的神庙里炫示任何我想谈论的话题，回答任何人想问的问题。[2]

事到如今，我若逃避苏格拉底的问题，无异于

---

[1] 奥林匹亚山在希琵阿斯的家乡厄利斯境内。《希琵阿斯后篇》发生于公元前420年。这一年，正值奥运年，东道主厄利斯人不许斯巴达人进入神庙，所以斯巴达人既没有祭祀，也没有参赛。原因在于，斯巴达人在休战期间发动战争，违反了奥林匹亚节庆的法律，却又不按规定缴纳罚金。参见修昔底德《伯罗奔半岛战争史》5.49。

阿尔喀比亚德洞悉到厄利斯与斯巴达的不和，他有意欺骗了斯巴达的使节，煽动雅典公民对斯巴达使节的怒火，最后成功拉拢了厄利斯、阿尔戈斯和曼提尼亚。这也是厄利斯派希琵阿斯出访雅典的主要原因。参见本书第6页注释1。

修昔底德笔下诡计多端的阿尔喀比亚德，是理解本篇对话中诡计多端的奥德修斯以及诡计多端的苏格拉底的重要历史背景。

[2] 希琵阿斯对自己辩才十分自信，却无意中将自己塑造成神谕的化身，因为只有神庙里的神谕才会回答"任何人想问的问题"。

在做可怕的事情。[1]

苏　[364a] 至少，希琵阿斯，你是有福气的，如果每次奥林匹亚赛会期间，你去神庙时，都如此乐观地对待智慧之灵魂的话；我会很惊讶，如果有位体育运动员，他来这里竞赛时以如此无畏而自信的态度信任他的 [a5] 身体，一如你信任你的推理 [能力]。[2]

---

[1] 这句话由连词 de [另一方面] 所引导，与由连词 men [一方面] 引导的前一句形成呼应关系。这是"可怕"(deina) 首次在对话中出现。"可怕"一共出现过四次，前三次出自希琵阿斯之口，最后一次出自苏格拉底之口。

这四次"可怕"并非集中出现在对话中的某一段落，而是镶嵌在对话的情节之中，构成了一条理解对话的线索。希琵阿斯所谓的"可怕"，是指"能回答任何人问题"的他却要"逃避苏格拉底的问题"，这意味着他不如苏格拉底有智慧。可见，希琵阿斯十分在乎其智慧的名声。

不过，从希琵阿斯的语气来看，他似乎并不担心这样的事情发生。三天前才被苏格拉底激怒的他，又重新恢复了当初那股自信。

[2] 苏格拉底对举希琵阿斯的推理能力与运动员的身体素质，从而将其神谕形象降格为体育运动员，这意味着

希　非常合理，苏格拉底，我配得上这经历：因为自从我开始参加奥林匹亚赛会以来，我从来没碰见任何人在任何事情上比我更强。[1]

苏　[364b] 你说得真美，希琵阿斯，不论对

苏希二人的对话不是祈求神谕的活动，反而更像一场运动员之间的竞赛。苏格拉底从未请求过神谕，著名的德尔斐神谕"没人比苏格拉底更有智慧"不是苏格拉底问的，而是他的伙伴凯瑞丰。参见《苏格拉底的申辩》20e5 以下。

[1]　直译为"我碰见'无人'比我更强 [壮]"。"更强"（kreittōn）是"好"的一个比较级，通常指身体方面的更强壮，参见本书第 21 页注释 2。从争强好胜这一点来看，希琵阿斯不比任何一位运动员逊色。因此，他的智慧也带有某种竞争的色彩。参见《希琵阿斯前篇》282d-e。

毕达哥拉斯曾打过一个比喻，用以区分三种不同的生活方式：有的人参加赛会，是为了竞技；有的人是为了牟利；有的人则是为了观赛。亚里士多德从中区分出享乐的生活、政治的生活和沉思的生活。荣誉是政治生活的目的，所以热爱名声、热爱荣誉的希琵阿斯显然过着一种政治的生活，而非热爱智慧（哲学）的生活。

如此看来，恐怕苏格拉底对希琵阿斯的评价（竞赛者）比希琵阿斯的自我评价（神谕）更为准确。

于厄利斯城邦还是对于你的双亲,你的名声都是智慧的象征。[1]

然而,关于阿喀琉斯和奥德修斯,你会对我们说些什么呢?你认为谁更优秀?胜在什么方面?[b5]因为刚才我们中的大多数人在里面时,你正在发表炫示[演说],当时我未能跟上你讲的东西。我之所以迟疑,没向你一再询问,原因有二:一是毕竟是在大庭广众之下,二是怕提问会打断你的炫示[演说]。[2]

---

[1] 希琵阿斯有意在智慧与名声之间建立起了某种内在的联系,苏格拉底则敏锐地洞悉到这一点。希琵阿斯曾炫耀过他的智慧如何使城邦和他的父亲受益。参见《希琵阿斯前篇》281a-b,282e。

[2] 苏格拉底向希琵阿斯解释的两个原因,实则是在回应欧狄库斯,替自己辩护:他之所以一言不发,实属时机未到。首先,演说不是对话,演说是一人面向众人的言辞活动,作为听众,不打断演说是对演说者最基本的尊重。其次,"谁是最优秀的阿开奥斯人"这一问题不宜公开讨论,因为稍有差池,便会对社会的道德风尚产生重大影响,因为像希琵阿斯这样名声在外的人,他对道德榜样的评价将直接作用于青年们的心灵。

不过现在嘛，没几个人在场了，而且这位欧狄库斯又逼我提问，你就好好讲讲，[364c] 给我们上上课，关于这二位男子汉，你都谈了些什么？你又是如何评价他们的？

　　[附释] 苏格拉底打破沉默，主要是为了欧狄库斯的缘故。不仅因为这个话题源于他的父亲，更因为希琵阿斯的话题事关青年的行为举止。他的演说虽然取材荷马，传导的教诲却是关心名声胜过德性。为了防止欧狄库斯以及在场的其他雅典青年的灵魂遭到智术师的毒害，苏格拉底被迫与希琵阿斯进行了一场奥林匹克式的言辞竞赛，他力图揭示，智术师的教育不是恢复，而是败坏了荷马的诗教传统。

　　现在，在一个小范围的哲学爱好者场合，之前的顾虑都不存在了，正是谈论这个话题的好时机。

第一回合　最诡计多端的人

何谓"诡计多端"？

[题解] 希琵阿斯分别用"英勇/优秀""智慧"和"诡计多端"来形容阿喀琉斯、涅斯托尔以及奥德修斯。表面上，他是为了回答苏格拉底"阿喀琉斯与奥德修斯谁更优秀"的提问，实则暗中透露出自己的立场——智慧的涅斯托尔最优秀，并以此为自己的教学活动辩护。

苏格拉底对阿喀琉斯的英勇和涅斯托尔的智慧显得漠不关心，却紧抓奥德修斯诡计多端不放。他有意以诡计多端为切入点，与希琵阿斯较量谁更理解荷马。

希　苏格拉底，我愿意更加清楚地向你解释我所说过的话，关于这些人以及另外一些人的事迹。因为我认为，[c5] 在远征特洛亚的人中，荷马把阿喀琉斯制作成了最英勇的战士（ariston andra），把涅斯托尔制作成了最智慧的［战士］，把奥德修斯制作成了最诡计多端的（polytropotaton）［战士］。[1]

苏　哎呀，希琵阿斯，请你行行好，如果我理解你的话很费劲，还老是问东问西的话，请不要嘲笑我，好吗？[364d] 反之，你得试着心平气和地回答。[2]

---

[1]　ariston 是 agathos［好］的最高级，ariston andra 直译为"最优秀的男子汉"。希琵阿斯没有正面回答苏格拉底的问题。他专门提到了涅斯托尔，并将其与阿喀琉斯、奥德修斯并列，并分别冠以"最智慧""最英勇""最诡计多端"之名。

之所以提及老英雄涅斯托尔，绝非偶然，因为涅斯托尔正是"特洛亚演说"的主角。在希琵阿斯看来，阿喀琉斯无力履行父职，只好由涅斯托尔代为教育涅奥普托勒摩斯。希琵阿斯就是当代的涅斯托尔，他自信比任何一位父亲都更有能力教好他们的儿子。整篇演说堪称对智术师运动最有力的辩护。

[2]　为了不再惹希琵阿斯生气，苏格拉底请求他耐心一点。这体现出苏格拉底式的反讽，但苏格拉底也并非完

希　这很可耻（aischron），苏格拉底，如果我一方面教别人东西，自认为凭借这一点还有资格收取等价的金钱，[d5] 另一方面，我本人在接受你的提问时，却又不能容忍、不能耐心地回答的话。[1]

苏　说得真好。因为，当你说阿喀琉斯被制作成了最英勇的时，我似乎懂 [364e] 你的意思。当你说涅斯托尔被制作成了最聪明的时，我也明白。[2]

全是在装样子：aristos 义项丰富，有最英勇、最善战、最优秀、最道德等含义，在荷马笔下，尤其是形容阿喀琉斯时，表示"最英勇"；相应地，涅斯托尔"最智慧"。两相比较，涅斯托尔的地位似乎更高一等。值得注意的是，苏格拉底在《王制》中称奥德修斯"最智慧"（390a）。

[1] 希琵阿斯把"可笑的"等同于"可耻的"或"丑的"，比较《希琵阿斯前篇》282a。又比较 363d，同样是不回答苏格拉底的问题，"丑"比"可怕"的程度更严重；反过来，希琵阿斯把授业解惑的收费教学活动看作是 kalos [高尚的、美的]，尽管在普通雅典人看来，智术师贩卖知识的行为依然可耻。

[2] 苏格拉底不见得同意涅斯托尔最聪明，但他完全理解 sophōtaton [最聪明] 是什么意思；"似乎"表明，苏格拉底不太确定 aristōn 具体指"最优秀"还是"最英勇"，

可轮到奥德修斯时，你说诗人把他制作成了最诡计多端的，在这件事上，老实对你说，我完全不知道你在说什么。请告诉我，或许以这一种方式我可以 [e5] 更明白：难道阿喀琉斯没被荷马制作成诡计多端的吗？[1]

不过他对此也没有展现出太多兴趣。苏格拉底全部注意力都放在希琵阿斯对奥德修斯的评价语上，他不但详细考察了诡计多端这一品质，而且他跟希琵阿斯的对话本身就是对这一品质的运用。

1　在评价阿喀琉斯和涅斯托尔这两个人物时，苏格拉底闭口不谈诗人，只有谈到奥德修斯及其"诡计多端"的品质时，他才明确问这是否属于诗人荷马的匠心。苏格拉底甚至进一步追问，荷马是否将阿喀琉斯制作得诡计多端？难道"诡计多端"是诗人刻意为奥德修斯塑造的品质？

polytropos 是一个复合词，由 poly [许多] 和 tropos [性格] 构成，义项丰富，有诡计多端的、四处漂泊的、多才多艺的等含义。这个词在《奥德赛》中仅出现过两次（1.1，10.330），王焕生译本将第一处译作"到处漂泊"，第二处译作"足智多谋"，但在希琵阿斯口中，显然带有贬义的意味，故试译作"诡计多端的"。不难看出，polytropos 既描述了奥德修斯的经历，又刻画了他的性格，其具体意涵比 arisotos 更令人费解，苏格拉底理解费劲也情有可原。

希　一点也不，苏格拉底。相反，[他被]制作得最单纯、最真诚。[1]

在"乞援者"这场戏中，[2]荷马让他们彼此交谈，他让阿喀琉斯对[e10]奥德修斯说：

> [365a]宙斯所生的拉埃尔特斯之子
> 足智多谋的奥德修斯，我不得不
> 把我所想的、会成为事实的话讲出来，
> 有人把事情藏心里，嘴里说另一件事情，

---

[1]　希琵阿斯将真诚与诡计多端对立起来，无异于将后者等同于谎言，由此开启了二人关于说谎行为的辩论。

[2]　"乞援者"是古人对《伊利亚特》卷九的叫法，参见柏拉图《克拉提洛斯》428c。在这场戏中，奥德修斯、埃阿斯和菲尼克斯以希腊最高统帅阿伽门农的名义劝说阿喀琉斯，以平息他的怒火。他们努力劝说阿喀琉斯重归希腊军队，因为自从阿喀琉斯退出战斗之后，阿开奥斯的军队不仅没能攻下特洛亚，反而有丢掉他们在特洛亚的船舰的危险。奥德修斯请求阿喀琉斯接受阿伽门农的赔礼，即便不愿意，也该怜悯其他的阿开奥斯人。由于他在阿喀琉斯与阿伽门农的冲突中站在了阿伽门农一边，这导致他的发言产生了适得其反的效果——激怒了阿喀琉斯。

[365b] 在我看来像冥王的大门那样可恨。
我要把我心里认为最好的意见讲出来。[1]

荷马在这几行诗中勾勒出这二位男子汉的品性，就像阿喀琉斯的真诚（alēthēs）与单纯，[b5] 奥德修斯不仅诡计多端，还谎话连篇（pseudēs），所以他安排阿喀琉斯对奥德修斯说这些话。[2]

---

[1] 希琵阿斯引用的是阿喀琉斯长篇演说（IX.307-429）的头七行，奥德修斯非但未能平息反而助长了阿喀琉斯的愤怒，以至于他威胁说第二天就坐船返回佛提亚。

希琵阿斯的引用只有6行，漏掉了原诗第311行"免得你坐在那里那样喋喋不休"。希琵阿斯的拿手绝活记忆术，显得言过其实，比较368d，以及《希琵阿斯前篇》285e。

此外，阿喀琉斯演说的重点并不在于真诚抑或谎言，而是德性与荣誉之间的关系，阿喀琉斯愤怒的实质是他所展现出的德性没有获得相应的荣誉，进而导致他对传统德性观念的怀疑。

[2] 希琵阿斯把真诚等同于单纯（haplous），还把虚伪等同于诡计多端，这无异于把"诡计多端"看作一个贬义词，所以他才会对诡计多端的人感到愤怒，正如阿喀琉斯对奥德修斯感到愤怒。这导致他过于简单地理解"乞援者"这场戏，没有注意到其中情节的曲折。

[附释] 希琵阿斯的引诗拉开了第一回合的序幕，从中可以看出，他把"真诚"界定为"把心里认为最好的意见讲出来"，把"足智多谋"（polymechan）界定为"把事情藏心里，嘴里说另一件事情"，同时将其看作"诡计多端"的同义词。

敢于"把心里认为最好的意见讲出来"，说明阿喀琉斯充分意识到自己力量的强大和德性的卓越。相反，说谎话者必定是意识到自己力量和理性的有限性，才选择用谎言去实现其目的。可以说，阿喀琉斯与奥德修斯在认识自己这件事上不分伯仲。

由于作为战利品的女奴布里塞伊斯被阿伽门农霸占，阿喀琉斯愤而退出战斗。特洛伊人趁势反攻，惊慌失措的阿开奥斯人怀念阿喀琉斯，涅斯托尔建议"用可喜的礼物和温和的话语把他劝说"。于是，阿伽门农派出福尼克斯、埃阿斯、奥德修斯以及两位传令官带着礼物前往阿喀琉斯营帐。奥德修斯第一个发言，福尼克斯次之，埃阿斯最末。希琵阿斯只发现了奥德修斯的表里不一，却没注意到阿喀琉斯态度的转变（比较 9.426-429，618-619，650-653），这为后续苏格拉底反驳阿喀琉斯的真诚埋下了伏笔。

诡计多端者作为说谎者

[题解] 希琵阿斯把"优秀"等同于"说真话",把"诡计多端"等同于"说谎话",这表明"优秀"是一种道德上的卓越,而"诡计多端"则是一种道德上的欠缺。想要重估"诡计多端"的价值,需要重新评价"说谎"的行为,这也决定了第一回合将围绕"谎言"展开。

为此,苏格拉底在分析"说谎话者"时侧重于能力、审慎、知识以及智慧等非道德的中性品质,尽可能淡化说谎话者在道德上的卑鄙和事实上的过错。苏格拉底首先证明,说谎话者的欠缺不同于病人的欠缺,而是一种"能力、审慎、知识,并且还在这些行骗的事上挺有智慧"。然后,他以希琵阿斯擅长的运算术为例,证明了说谎话者与说真话者是同一类人。

苏　希琵阿斯,现在我或许理解你说的话了:你说诡计多端者是说谎话者,至少显得如此。[1]

希　[365c] 对极了,苏格拉底!因为荷马在《伊利亚特》和《奥德赛》中多处把奥德修斯制作成了这种类型的人。[2]

苏　看来,荷马认为说真话的男子汉是一种类型,说谎话者是另一种类型,两者不相同。

希　[c5] 难道不是吗,苏格拉底?

苏　连你本人也如此认为吗,希琵阿斯?

希　毋庸置疑!因为若非如此,倒真是一件可

---

[1] 希琵阿斯把"诡计多端"和"谎话连篇"看作两种相关却不相同的属性,苏格拉底径自将二者等同起来,此举反倒获得了希琵阿斯的肯定。

[2] 无论是诡计多端(polytropos)还是足智多谋(polymechan),在希琵阿斯看来,都反映出奥德修斯说谎者的品质。从引诗不难看出,阿喀琉斯不但批评了说谎行为的可恨,甚至还指责奥德修斯就是一个说谎话者。真诚胜过谎言,因此,当希琵阿斯说"阿喀琉斯比奥德修斯更优秀"时,他是在做道德评价。

怕的事儿。[1]

苏　让我们先撇开荷马不谈，毕竟［365d］不可能去问他，在写这几行诗的时候，他心里在想什么。不过既然你显然承担起了这责任，而且你也同意，你所断言的那些事情是荷马说的，那么就代表荷马和你自己一起回答了吧。[2]

---

[1]　"可怕"第二次出现。所谓"可怕"，具体指说真话者与说谎话者的同一性，或对二者不加区分。说真话者在本质上有别于说谎话者，就像奇数在本质上不同于偶然。说奇数和偶数是同一种数对于希琵阿斯来说就是一件"可怕的"事情。希琵阿斯似乎从未考虑过，彼此对立的属性有可能在人身上实现统一。他没有认真考虑人世事务的特殊性与复杂性。虽然希琵阿斯身为厄利斯使节，但对于政治事务，他实在不够内行。

[2]　苏格拉底提醒希琵阿斯，他要同时为荷马和自己辩护。事实上，苏格拉底就像奥德修斯，"把事情藏心里，嘴里说另一件事情"，他并未把荷马当作自己的对手，相反，他与希琵阿斯展开的言辞竞赛，正是较量谁更理解荷马。

这是"荷马"一词在对话中最后一次出现。在第二回合和第三回合的辩论中，荷马似乎被遗忘了。希琵阿斯的愤怒也使他忘记了自己是在替荷马作答。

希 [d5] 那好,但就你想问的问题简短发问。[1]

苏 你认为说谎话者没能力做任何事,就像那些病人,还是有能力做一些事情?[2]

---

[1] 修辞术冗长,辩证术简短。苏格拉底确实偏爱辩证术,而修辞术则是智术师的拿手技艺。希琵阿斯主动选择了哲人更加擅长的方式,要么表明他有意迁就苏格拉底,担心他跟不上长篇演说的思路(364b5),要么表明他的自负,自信"没人在任何事情上比我更厉害。"(364a5)。比较《普罗塔戈拉》334d-338e。

[2] 在希琵阿斯看来,"说谎话者"不及"说真话者"优秀,换言之,"说谎话者"与"说真话者"相比,有所欠缺。因此,苏格拉底的当务之急,即辨析"说谎话者"之欠缺的性质。他比较了"说谎话者"的欠缺与病人的欠缺,得出结论,"说谎话者"与病人不同,虽然他有欠缺,但也有能力(dynamis)。希琵阿斯接受了这一说法,因为"说谎话者"的欠缺绝非能力不足,而是道德上的恶,所以他补充"说谎话者"尤其具备作恶的能力。苏格拉底的起手引入非道德性质的能力,"说谎话者"便由希琵阿斯以为的常说谎话者转变为善说谎话者,为后面混淆"优秀"的内涵做好了铺垫。

希　至少就我来说，他们忒有能力做许多事情，尤其是骗人。[1]

苏　[365e] 看起来，根据你的论证，除了诡计多端之外，他们还是有能力的，不是吗？

希　是的。

苏　他们诡计多端，谎话连篇，凭借的是愚蠢和糊涂，还是凭借一种恶行和某种审慎？[2]

希　极有可能凭借的是滔天恶行，[e5] 以及审慎。

苏　那么他们是审慎的，看起来。

希　以宙斯起誓，毫无疑问。[3]

苏　那既然他们是审慎的，他们是不知道自己的所作所为，还是知道？

---

[1]　苏格拉底之所以愿意请教希琵阿斯，是因为希琵阿斯号称荷马专家。自从抛开荷马以来，希琵阿斯开始主动加入了自己的看法。

[2]　在取得希琵阿斯同意后，苏格拉底刻意把道德层面的"说谎"与非道德层面的"审慎"混同起来。

[3]　希琵阿斯全篇对话第一次起誓。反讽的是，这一虔敬的举动却用以证明说谎者的审慎。

希　他们太知道了！正因为如此，他们才坏！[1]

苏　既然这些人知道他们所知道的这些事，那他们是[e10]无知的还是聪明的？

希　他们都相当聪明，至少在这些事情方面，[366a]［比如］欺骗。

苏　打住。让我们回想一下你说的是什么。你称那些说谎话者有能力、审慎、有知识，并且还在这些说谎的事上挺聪明。[2]

希　我的确是这样说的。

苏　[a5]而且说真话的人与说谎话的人彼此不同，甚至截然相反？

---

[1] 即审慎以某种知识为前提。希琵阿斯之所以瞧不起说谎话者或诡计多端者，不在于他无知，而在于他可耻地运用其知识或审慎。由于希琵阿斯跟其他智术师一样，只传授知识，不传授道德，所以就算他教出的学生说话、作恶，人们也不会谴责教师，因为这是学生误用自己的知识或审慎，教师也用不着负责，参见《高尔吉亚》456c-457c。

[2] 从365b到366a，这段讨论把"说谎话者"界定为"有能力、审慎、有知识的聪明人"，变说谎话者为善说谎话者。

希　我是这样说的。

苏　那么，有些既有能力又聪明的人，看来就是说谎话者，根据你的论证。

希　当然是。[1]

苏　那么，[366b] 当你说那些说谎话者在这些事本身上既有能力又聪明时，你说的是哪种情况？你的意思是只要他们愿意，就有能力说谎，还是没有能力，在这些说谎的事情方面？[2]

希　至少在我看来，是有能力的。

苏　总的来说，这些说谎话者 [b5] 很聪明，而且又有能力说谎。

希　是的。

苏　因此，一个没有能力说谎，而且还无知的

1　希琵阿斯承认，说谎话者"既有能力又有智慧"，与此同时，他又认为说真话者与说谎话者截然相反，结论自然是：说真话者"既无能力又无智慧"。他并未意识到，他对说真话者的定义正逐渐偏离阿喀琉斯这一典范。

2　苏格拉底引入了"意愿"这一新要素，可惜没引起希琵阿斯注意。

男子汉,不可能是个说谎话者。[1]

希　正是如此。

苏　每个人都有能力做他愿意做的事情,只要他愿意;[366c] 我说的不是那些迫于疾病或类似事情的人,而是如你一般有能力的人,比如,只要你愿意,你随时都写得出我的名字,我是这个意思。或者,你不这样定义"有能力的"?[2]

希　是的。

苏　[c5] 告诉我,希琵阿斯,难道你不是在计数术和运算术方面很有经验吗?[3]

---

[1] 至此,说谎完全被看作一个能力问题,理由是一个能力有限的无知者,不可能明白何时应当含糊其辞,何时该保持沉默。

[2] 苏格拉底第二次拿说谎话者与病人作对比,这一次,他用希琵阿斯取代阿喀琉斯,当作有能力者的典范,定义与例证之间的张力便不复存在。注意这一次谈论"能力"时,着重强调"能力"与"意愿"(bouletai)的关系。

[3] 运算术(logistikos)和计数术(logismos)被古希腊人看作两门不同的知识,前者涉及数字的运算,后者涉及数字间的关系和规则,如 3×700=2100 属于运算术,5 > 3,5 后面是 6 等属于计数术。

希　相当有经验，苏格拉底。

苏　这样的话，如果有人问你，三乘以七百是多少，只要你愿意，你可不可以最快[366d]最准地报出答案？

希　没问题。

苏　因为你是在这些事情上最有能力而且[d5]最聪明的人吧？

希　是的。

苏　到底是哪一种呢？你仅仅是最聪明的和最有能力的，还是在那些你最聪明而且最有能力的事情上同时也最优秀，比如关于运算术的事情？[1]

希　恐怕也最优秀，苏格拉底。

苏　[366e]那你能够以最有力的方式说出关于这些事情的真相吗？能还是不能？

希　我认为我能。

苏　可同样是这些事，什么是关于它们的谎言

---

[1]　苏格拉底之所以拿运算术举例，是因为这是希琵阿斯的看家本领。接下来的论证一定程度上利用了希琵阿斯的自负，可以说，苏格拉底的奉承是他在第一回合占上风的必要条件。

呢？像之前那样，光明正大地回答我，希琵阿斯。[1]

如果有人问你，三乘以七百等于多少，你能把[e5]谎话说得以假乱真吗？你总是能够在这些事物的同一方面说谎吗，只要你愿意说谎，不愿以实相告的话？还是[367a]有个在运算术方面一无所知的人比你更会说谎，只要他愿意的话？

再或者，就算无知者愿意说谎，也常常会无意道出真相，如果偶然碰巧发生这样的事情，是因为他不懂。而你是聪明人，只要你愿意说谎，总是能在[a5]同一方面一直说下去，不是吗？[2]

---

[1] "光明正大"的字面含义是"高贵而崇高地"（gennaios kai megaloprepos）。苏格拉底想强调的是知识的中立性：在某一知识领域，最有能力说真话的人必然也最有能力说谎话。比较《王制》卷一，最有能力的卫士同时也是最有能力的窃贼（334a）。苏格拉底请求希琵阿斯"光明正大地回答"，即希望希琵阿斯做到"知性真诚"，不要在这个问题上说谎。

[2] 不等希琵阿斯回答，苏格拉底立刻提供了两个理由强化他的论点。首先，他以希琵阿斯擅长的运算术为例详细阐明了他的论点——有知者比无知者更有能力说真话，同时也更有能力说谎话。苏格拉底提供的第二个理由

希　是的,跟你说的一样。

苏　要是说谎话者在其他方面是说谎话者,而在运算术方面却不是,那他就不会在运算术方面说谎吗?

希　以宙斯起誓,他也会在运算术方面说谎![1]

苏　那我们岂不是该树立这样一种观点,希琵阿斯,在计数术和运算术方面,有人 [367b] 是说谎话者?

希　是的。

苏　那谁会是这种人呢?他没有必要具有撒谎的能力吗,若他真的想要成为一名说谎话者的话,你刚才也是同意的?因为没有能力说谎的人,如果

是为了支持第一个理由,却显得荒谬、有悖常理。无知者说谎却无意道出真相,这种小概率事件不可能"常常"发生,充其量是可忽略不计的偶然现象,而由此造成的荒谬性,则是苏格拉底刻意强调能力,淡化意愿的结果。

[1]　苏格拉底不知不觉地把第二人称变成第三人称,避免让希琵阿斯承认自己会在运算术方面说谎,这才顺利地让希琵阿斯第二次起誓,承认说谎除了是道德问题,也是能力问题。

你还记得的话，[b5]不可能成为说谎话者，这可是你说的。

希　我记得，我是这样说过。[1]

苏　你刚才不是表现出，你是最有能力在计数术方面说谎话的人吗？

希　是的，至少我也这样说过。

苏　[367c]因此，在计数术方面你也是最有能力说真话的喽？

希　当然。

苏　那在计数术方面，最有能力撒谎之人岂不同时也是最有能力说真话的？这个人在这些事情方面是优秀的计数师。

希　是的。

苏　[c5]所以有谁会成为一名关于计数方面的说谎话者，希琵阿斯，而又不是一位优秀的人呢？因为这是同一种人，他不但有能力，而且还真诚。

希　确实显得如此。

苏　你看得出吗？说谎话者和说真话者是同一

1　在苏格拉底的提醒下，希琵阿斯及时运用起自己的记忆术绝活。

类人，在这些事情上，说真话者不比说谎话者更优秀。[367d] 因为，他们其实就是同一类人，并非截然相反的两种人，一如你刚才所认为的。[1]

希　至少在这里并未显得如此。

[附释] 苏格拉底的论证十分绵密：说谎话者在他说谎话的事上有能力说谎话；说真话者在他说真话的事上有能力说真话；只有具备能力，一个人才能在诸如计数术等方面既说谎话，又说真话；说真话者与说谎话者在某方面具有相同的能力；因此，说谎话者与说真话者是同一类人。

苏格拉底把说谎话者和说真话者分别界定为善说谎话者和善说真话者，从道德范畴转向知识范畴，变结论的不可能为可能。不料，认可每一步推理环节的希琵阿斯却不愿接受这一违反矛盾律的结论。

1　《王制》中的护卫者便具有温顺和勇猛两种相反的气质（375c）。可以想象，这样的护卫者必然会对朋友说真话，对敌人说谎话。说真话的和说谎话的都是同一类护卫者。

说谎话者和说真话者是同一类人

[题解] 苏格拉底本希望快刀斩乱麻,以运算术为例迅速解决争议。不料希琵阿斯虽然接受了他的论证,却不肯接受最后的结论——说谎话者与说真话者是同一类人。苏格拉底只好在第二次交锋中扩大证明的范围,他逐一审查了希琵阿斯擅长的各种技艺,证明在任何领域,说谎话者都与说真话者是同一类人。更加详尽的第二次论证表明,无论是说真话抑或说假话,都须以正确掌握知识为前提,就此而言,说真话者与说谎话者掌握的知识是对等的,故而是一类人。只是,如此界定说谎话者与说真话者,能够说服希琵阿斯吗?

苏 你希望我们再观察一下别的事物吗?

希 [d5] 如果你愿意 [考虑其他事物],也未尝不可。

苏 你不是也擅长几何学吗?

希 我还算擅长吧。

苏　怎么，难道在几何学方面不也是这样吗？在几何图形方面，最有能力说谎话的人和最有能力说真话的人是同一类人，即几何学家，难道不是吗？

希　是的。

苏　所以在这些事情方面，[367e] 还有其他什么人胜过几何学家吗？

希　没有其他人。

苏　那么，优秀、聪明的几何学家岂不是最有能力的人，至少在两方面都是？如果真的有其他人成了一名几何图形方面的说谎者，那么这位说谎者就是好人？因为这位说谎者有能力说谎，而坏人 [e5] 没有能力说谎，这样一来他就没能成为一名说谎者，也就不能够说谎，这一点已经达成一致了。[1]

希　是这样。

苏　让我们再来观察第三种人，天象学 [368a] 家，关于这门技艺，你依然认为你比前面提到的那

1　无论是说谎话还是说真话，重点不在于说话人的意愿，而在于他的能力。

些人更有见识,是这样吗,希琵阿斯?[1]

希　是的。

苏　这些事情在天象学方面岂不也是如此?

希　有可能,苏格拉底。

苏　在天象学方面,如果有人是个说谎者,他将是一位优秀的关于天象学的说谎者,[a5] 一个有能力说谎的人。因为他不可能没有能力,否则他就是无知的。

希　是显得如此。

苏　所以在天象学方面,说真话者和说谎话者也将是同一个人。[2]

希　看起来[如此]。

---

[1] 苏格拉底依次考察了运算术、几何学以及天象学三门知识,其顺序与哲人王所接受的教育相吻合,仅缺少一门和声学。希琵阿斯的收费教育显得像是对哲人王教育的戏仿。比较《王制》522c-530d,《希琵阿斯前篇》285b-d。

[2] 运算术、几何学以及天象学,按照亚里士多德的分类,属于理论的知识,而苏格拉底接下来列举的,则是制作的知识。

苏 来，希琵阿斯呵，就这样随意观察一下[368b]所有这些知识，是否有与之不同的情况。在绝大多数技艺方面，你在所有人中最有智慧，因为有一回，我听你在自吹自擂，你自己仔仔细细地讲述了让人羡慕的大智慧，就在市场里的[b5]柜台边。

你曾经说过，有一次去奥林匹亚，你全身的穿戴都是自己的杰作：首先，戒指——因为你是从此开始讲的——是你的[368c]杰作，因为你懂得雕刻种种戒指；印章是你的另一杰作，还有刮子和油瓶，都是你亲自打造出来的；然后是靴子，你曾说是你亲自切皮制作而成，以及你织的外衣和里衬，[c5]至于所有人都觉得最不可思议的，同时也是最伟大智慧的典范的是，当时你曾说你系在里衬上的腰带，堪比奢侈的波斯货，竟也是你编成的。[1]

---

[1] 苏格拉底按照刻、打、切、织、编等制作方法，详尽列举了希琵阿斯制作的八件工艺品。其中，切割的方法居中，其产品靴子的主要功能是保护脚，除此以外，其余七件均为装饰品。希琵阿斯擅长制作的工艺品和演说都具有装饰性质。

除此之外，你说你还会作诗，叙事诗、悲剧、[368d] 酒神颂以及各式各样以散文风格构思而成的讲辞。关于接下来这些技艺，有别于我刚才谈到的那些知识，比如格律、和声、炼字，[d5] 还有许多其他的东西，正如我似乎记得的。[1]

对了，我差点忘记那似乎也算是一门技艺的记忆术，你把它当作你的拿手绝活，我想 [368e] 我还漏掉了许多其他的东西。

不过我要说的是，瞧一瞧你自己的技艺就足矣，告诉我，关于其他事物的技艺，你能否发现一个人，根据之前我所同意的，说真话，而另一个说谎话，完全独立的另一个人，[e5] 不是同一人？在任何一种你愿意谈论的智慧中，观察这一点，无论 [369a] 是不择手段的邪恶，还是你乐于提及的。但是你不会找到的，友伴啊！因为它根本不存在！所以你说吧！[2]

1　除了制作物品，希琵阿斯还会制作诗歌，和声学补足了前面戏仿哲人王教育时留下的空缺。

2　一位说谎话者必然同时也是说真话者，因为他不可能自始至终一直说谎话。问题在于，说真话者不管在什么时候、什么地点，都会坚持说真话吗？

希　不过，至少我没有遇见过，苏格拉底。

苏　你是不会遇见的，如我所料，但假如我说得对，[a5] 请记住我们从论证中得出的结论，希琵阿斯。

希　我不是太明白你在说什么，苏格拉底。

苏　大概是因为你没运用你的记忆术——很明显，你认为你不需要——不过我会提醒你的。你知道吗，你曾说过，阿喀琉斯是说真话者，而奥德修斯 [369b] 则是个说谎话者，而且诡计多端？

希　是的。

苏　如今你晓得，说真话者和说谎话者被称为同一种人，所以如果奥德修斯是个说谎话者，那他也就 [b5] 成了一位说真话者，如果阿喀琉斯是一位说真话者，那他也就成了个说谎话者，那么这些男子汉就并非彼此不同甚或相差甚远，而是品性相近的喽？[1]

1　第一回合的推理之所以显得像智术师式的诡辩，是因为苏格拉底精确区分了能力意义上的善说谎话者和事实意义上的常说谎话者。结论的悖谬实质上源于对二者不加区分的混淆。

[附释] 第一回合的首次尝试失败后,苏格拉底调整思路,在第二次尝试中采用了更迂回的论证方式:从说谎话者与说真话者在能力或知识上的相等,推导出他们是同一类人;然后,证明说真话的阿喀琉斯与说谎话的奥德修斯也是同一类人。既然如此,那么"阿喀琉斯比奥德修斯更优秀"的说法便不攻自破了。

然而,苏格拉底的计划非但没有奏效,反而激发出希琵阿斯的抗拒心理。前两次尝试的失败也宣告了第一回合的失败。

第二回合　奥德修斯比阿喀琉斯更优秀

插曲一　从对话到演说

[题解] 苏格拉底在第一回合虽未成功，却惹怒了希琵阿斯，激起了他的好胜心。于是，希琵阿斯奋起反击：首先，他批评苏格拉底关注部分胜过整体，这直指对话这种论证方法；其次，他提议用演说取代对话，因为这样才能全面展示荷马把阿喀琉斯制作得比奥德修斯更优秀的意图。

苏格拉底巧妙地避开了用演说较量的建议，他用一段长篇发言驳斥了希琵阿斯：荷马不仅没有把阿喀琉斯塑造成说真话者，反而使其言论前后不一。希琵阿斯不得不接受这一结论。至此，论证的重心从说真话和说谎话的问题转移到说谎时的意愿问题。

希　苏格拉底，你总是这样编织论证，你挑出论证中最困难的部分，[369c] 并且抓住细枝末节的东西不放，与论证相关的整体部分却不予争辩。[1]

所以现在，如果你愿意的话，我会拿出大量可靠的证据，以一场充分的演说向你展示，荷马把阿喀琉斯制作得比奥德修斯更优秀，而且不说谎话，[c5] 奥德修斯则谎话连篇、诡计多端，比阿喀琉斯差多了。[2] 如果你愿意，尽可以用论证反驳我的论证，以证明奥德修斯是更优秀的，这样这些人将知

---

[1] 希琵阿斯重复了三天前与苏格拉底相遇时对他的批评，参见《希琵阿斯前篇》304a-b。希琵阿斯的意思是，苏格拉底的问题是"阿喀琉斯与奥德修斯谁更优秀"，但二人却一直围绕"谁是说谎者"一类细节问题争论不休。

[2] 演说（logos）与对话（dialogos）不仅仅是文学体裁上的差异，在体裁差异的背后，是探究真理的不同方式——炫示（epideiknein）和辩证法（dialegein，直译"对谈"）。

不说谎话者（apseudē）全文仅此出现一次，不宜把它直接等同于"说真话者"。

道我俩谁讲得更好。[1]

苏　[369d] 希琵阿斯，我当然不怀疑你并非不比我更有智慧。[2] 不过我老是有这么个习惯，每当

---

[1] 对研究对象的批评自然会上升到对研究方法的批评。在希琵阿斯看来，简短的对话不是探究真理的正确方法，只有篇幅足够长的演说才能论述充分。此外，如果改换演说，苏格拉底便无法在细节处跟希琵阿斯纠缠，这样希琵阿斯只需考虑在整体上如何打动观众，不必在意论证的细枝末节。

[2] 这一段是苏格拉底在《希琵阿斯后篇》中篇幅最长的发言。一开始，苏格拉底便承认希琵阿斯更有智慧，仿佛希琵阿斯是当代的涅斯托尔。不过，苏格拉底连用了三个否定词来表明自己不如希琵阿斯，显得修辞意味十足。

整段发言可分成两部分。第一部分是对作为研究方法的演说的反驳，因为演说没办法让苏格拉底"刨根问底，反复思量，权衡比较"，而对话可以，从而也达到了为对话辩护的目的。第二部分是从文本上直接反驳希琵阿斯的论点：希琵阿斯的引文虽然表明，阿喀琉斯是有话直说的说真话者，但通观《伊利亚特》，阿喀琉斯既未做到言行一致，他的发言也前后不一。这无异于证明，阿喀琉斯也跟奥德修斯相同，是一位说谎话者。

有人在说些什么时,我都会用心关注,尤其是,在我看来,发言者是聪明人的时候。既然我渴望搞明白他的话的意思,[d5] 我就会对所说过的事物刨根问底,反复思量,权衡比较,这样我才搞得明白。[1]

如果在我看来说话人的话不值一提,那我连一个问题也不会问,根本不在乎他说过些什么。[2] 你将从这一点看出,我愿把哪些人视作聪明的。因为你将会发现,我会对这类聪明人说过的话 [369e] 死缠到底,反复跟他琢磨,直到我弄明白我可以在哪

---

1 "刨根问底,反复思量,权衡比较"是对话优于演说的第一个特点,因为你无法在演说家演讲时打断他,对他刨根问底。这也意味着,对话是苏格拉底用来检验聪明人是否有智慧/知识的工具。

当苏格拉底得知,德尔斐神谕称"没人比苏格拉底更聪明"时,他曾用这样的方式去检验过政治家、诗人和工匠的智慧,其中并不包括智术师或演说家,参见《苏格拉底的申辩》21a-23c。

2 苏格拉底自称乐于向聪明人提问,耐人寻味的是,他在希琵阿斯演说结束后却一言不发,可见,在苏格拉底眼里,希琵阿斯不算有智慧,他根本不能代表荷马的智慧。

方面获益为止。[1]

而现在，当你在说话的时候，我已经开始反思，就在你刚才引用的诗行中，你表明，阿喀琉斯就像个骗子，[2]当他对奥德修斯说话时，依我看，这有

---

[1] 对话的第二个好处是让苏格拉底获益，演说会让听众有愉悦的体验，但对话给对话者带来的是实质性的收获。

上述两个理由驳倒了希琵阿斯改换演说的提议，保证对话的顺利进行。

[2] alazona［骗子］的字面含义是"自夸者"。根据亚里士多德，真诚是一种适度的德性，位于过度的自夸和不及的自贬之间，真诚的人在言辞和行动上既不夸大也不缩小。自夸的人表现得自己具有某些好的品质，实际上却不具有；自贬的人则表现得自己不具有他实际上具有的品质。参见《尼各马可伦理学》4.7，1127a15以下。

准确地说，自夸者和自贬者都不属于严格意义上的说真话者，在一定程度上可归入说谎话者之列，苏格拉底就是在这一意义上说阿喀琉斯是说谎者。值得一提的是，苏格拉底以反讽著称，也可以归为自贬者一类。假如苏格拉底和他所模仿的奥德修斯都是说谎话者，这就为我们深入思考说谎问题提出了一个难题。

点儿不对劲，[e5] 如果你讲得对，奥德修斯绝不是 [370a] 一个显得会说谎、诡计多端的人，反倒是阿喀琉斯，显得像个诡计多端的家伙，至少他说过谎。因为你先前引用的几行诗，是这样说的——

有人把事情藏心里，嘴里说另一件事情，
[a5] 在我看来像冥王的大门那样可恨。[1]

[370b] 没过一会儿，他说，由于他不会听从奥德修斯和阿伽门农的劝说，所以他根本不会留在特洛亚。他说：

明天我向宙斯和全体天神献祭，
[b5] 我把船只拖到海上，装上货物。
你就会看见，只要你愿意，有点关心，
拂晓时我的船在鱼游的赫勒斯滂托斯航行，
[370c] 我的人热心划桨；要是那位文明的
震撼大地的波塞冬赐我顺利的航行，

---

1 苏格拉底的引诗一字不差，希琵阿斯反倒有漏引。这暗示苏格拉底的记忆力并不逊于希琵阿斯。

第三天我会到达泥土深厚的佛提亚。[1]

然而在这些事发生之前,阿喀琉斯大骂阿伽门农:

[c5] 我现在要回到佛提亚,带着我的弯船,
那样要好得多,我可不想在这里,
[370d] 忍受侮辱,为你赚得财产和金钱。[2]

虽然他曾当着全军的面说过这些事情,曾当着他自己的友伴们说过这些事情,可没有任何迹象表明阿喀琉斯准备或者着手拖船下海,[d5] 起航回家。[3]

1　荷马《伊利亚特》9.357-363。苏格拉底未引的、阿喀琉斯紧接着的发言才道出了他与阿伽门农的矛盾:"我的荣誉礼物却被那赠予者阿伽门农夺取,侮辱我。"(9.367-368) 阿喀琉斯真正憎恨的说谎话者不是奥德修斯,而是阿伽门农。

2　荷马《伊利亚特》1.169-171。

3　苏格拉底比较了阿喀琉斯分别对奥德修斯和阿伽门农说过的话,以及他的实际行动,证明了阿喀琉斯的言行不一。然而,言行不一不能证明阿喀琉斯的诡计多端,它至多证明阿喀琉斯尚未很坚定地下决心,在去与留之间表现得犹豫不决。

但是，他对于讲真话，表现出的完全是一副高贵的忽视。[1] 所以我呀，希琵阿斯，从一开始就想问你，因为我糊里糊涂，[370e][弄不明白]诗人到底想把这二人中的哪一位制作得更好。我认为，他们两人都非常优秀，很难分出谁更善于说谎话和说真话，而谁又在德性方面更高尚。因为在这方面，这二人难分伯仲。[2]

[附释] 这段插曲虽短，却是理解整篇对话不可或缺的环节。第一回合最后得出了"阿喀琉斯与奥德修斯是同一类人"的推论，插曲部分夯实了这一推论，断定二人在能力和德性方面不分高下。由于阿喀琉斯也被看作说谎者，阿喀琉斯与奥德修斯之间最优秀的阿开奥斯人之争变成了两位说谎者的竞争，说谎的意愿和能力便成为第二回合交锋的重点。

1　所谓"高贵的忽视"，不过是无法一直保持说真话的委婉表达。倘若如此，说真话者意味着永远说真话，这不仅不符合常识，更使得苏格拉底的论证变得像诡辩。

2　苏格拉底的论据使希琵阿斯无力反驳。于是，第二轮论证的重心便从有没有说谎，转变成有意说谎还是无意说谎。

谁在模仿奥德修斯？

[题解] 在第二回合中，苏格拉底成功证明阿喀琉斯也是一位说谎话者。于是，意愿成了衡量行为的主要尺度。希琵阿斯为阿喀琉斯辩解，他说谎话时是无意的，而奥德修斯说谎时是有意的。这一论点不仅轻易被苏格拉底驳倒，而且被苏格拉底抓住机会，乘胜追击：正是因为奥德修斯有意说谎话，阿喀琉斯无意说谎话，所以奥德修斯比阿喀琉斯更优秀。希琵阿斯尽管不解，却不愿接受苏格拉底的荒谬观点。

希　[e5] 那是因为你审视得不美，苏格拉底。因为当阿喀琉斯在说这些谎话时，他并非显得是出于计划地说谎，而是无意地说谎，由于军队的遭遇，他不得不留下来，伸以援手，而奥德修斯，他说这些谎话时是有意的，而且是出于计划的。[1]

1　"无意的"（akōn）和"有意的"（ekōn）是第二回合的关键词。自从苏格拉底证明阿喀琉斯也说过谎，希琵阿斯便改变了策略，试图证成阿喀琉斯是无意的说谎话

苏　[e10] 你在骗我吧,最亲爱的希琵阿斯啊,你自己就在模仿奥德修斯。[1]

希　[371a] 哪有这种事,苏格拉底!你到底想要说什么,是什么意思?[2]

苏　你说阿喀琉斯说谎并非出于计划。他不仅是个骗子,而且瞎话连篇,一如荷马所制作的那样,

者,而奥德修斯则是有意的说谎话者。由于无意的行为更容易得到原谅,而有意的行为更易受谴责,因此阿喀琉斯比奥德修斯更优秀。从中不难看出,希琵阿斯虽然有所让步,但他在第二回合捍卫的新立场依旧是一个道德的立场。不过,阿喀琉斯说话前后不一致,不是由于"军队的遭遇",而是面对奥德修斯、菲尼克斯、埃阿斯三位"乞援者"的劝说时,不同反应的结果。就此而言,希琵阿斯的论据站不住脚。

[1]　苏格拉底有意颠倒了二人的角色:明明是他自己在模仿奥德修斯,却指责希琵阿斯在模仿奥德修斯。他这样说恰恰表明他在有意说谎,因为与其说希琵阿斯在有意模仿奥德修斯,不如说他在无意模仿涅斯托尔。

[2]　模仿奥德修斯,意味着像奥德修斯那样说谎话。对于苏格拉底的如此指责,希琵阿斯感到不可思议,他表现得既愤怒,又困惑。

他显得比奥德修斯 [a5] 更有心计，轻易地骗过后者，还不让奥德修斯察觉，以至于他竟敢说自相矛盾的话，就连奥德修斯也没察觉出来。至少有一点很明显，奥德修斯从来没有对阿喀琉斯说过他感觉阿喀琉斯在说谎。

希　[371b] 你指的是什么，苏格拉底？

苏　阿喀琉斯先是对奥德修斯说过他将清晨起航，之后，他在与埃阿斯谈话时，[b5] 却再也没有提起返航的事，而是谈了些别的事，难道你没注意到吗？[1]

希　在哪一部分？

苏　他说的话在这几句诗行里——

在英勇的普里阿摩斯的儿子、神样的赫克托尔
[371c] 杀死阿尔戈斯人，放明火烧毁船只，
攻到米尔弥冬人的营帐和船只以前，

---

[1] 苏格拉底提醒希琵阿斯，阿喀琉斯在面对三位"乞援者"时的态度不同，不过他有意将这种态度的转变说成有心计地说谎话。事实上，阿喀琉斯的前后矛盾绝非道德意义上的说谎，恰恰是关于自己与阿开奥斯人关系的自我认识问题。

我不会准备参加这场流血的战争。
但是我认为赫克托尔本人会在我的营帐
[c5]和黑色的船只旁停下来,尽管他想打仗。[1]

所以你,希琵阿斯,[371d]以为忒提斯之子,曾受教于最智慧的喀戎的阿喀琉斯,[2]会如此健忘,以至于他刚用最为冒犯的口气骂了那些骗子一顿,说他会返航,然后却又对埃阿斯说他会留下?[d5]他是在算计、误导奥德修斯,自始至终都在要花招,

---

[1] 荷马《伊利亚特》IX. 650–655。此言专门针对埃阿斯所发。埃阿斯的发言最短,却在短短19行的演说中3次提及"尊重",因而最合阿喀琉斯的心意,缓和了其先前拒斥奥德修斯时的坚决语气。事实上,当赫克托尔果真火烧船只,杀入阿开奥斯人阵营时,阿喀琉斯却并未"加入这场流血的战争",他仅仅让好友帕特罗克洛斯身披他的铠甲去参战,结果此举葬送了帕特罗克洛斯的性命。

[2] 喀戎(Chiron),传说中半人半马的英雄,克洛诺斯(Chronus)和菲吕拉(Philyra)之子。除阿喀琉斯外,他还是多位英雄的导师。

撒大谎。[1]

希　至少在我看来并非如此，苏格拉底。相反，这些事情本身也 [371e] 是出于好意，这使得他对埃阿斯说的话不同于对奥德修斯说的话。然而，奥德修斯说真话，总是先拿定主意再说出口，即便说谎也是如此。[2]

苏　看来，奥德修斯要比阿喀琉斯 [e5] 更优秀。

希　怎么可能，苏格拉底？

苏　什么？刚才不是说得很明白了吗，有意说谎话者比无意说谎话者更加优秀？[3]

---

[1] 苏格拉底说阿喀琉斯"在算计、误导奥德修斯"，显然指他有意说谎话。阿喀琉斯之所以前后矛盾，主要是因为他在不停地改变立场，而其立场的改变，取决于他的愤怒是爆发了还是平息了。

[2] 希琵阿斯虽然不同意苏格拉底，但也在悄悄修正自己的立场，结果被苏格拉底抓住了漏洞。

[3] 希琵阿斯不停地让步，而苏格拉底趁机步步紧逼：从一开始"阿喀琉斯比奥德修斯更优秀"出发，到"二人不分高下"，再到"奥德修斯比阿喀琉斯更优秀"，最后得出一个不为希琵阿斯所容忍的普遍命题——有意说谎话者比无意说谎话者更好。

希 但怎么可能呢，苏格拉底，那些有意行不义、[372a] 有意设诡计和做坏事的人，比那些无意这样做的人更加好？[1]

后者似乎更容易被多数人宽恕，除非他是在明明知道的情况下还要行不义，或说谎，或干其他什么恶行。法律也肯定是对 [a5] 那些有意作恶和说谎的人更加严厉，相比无意这样做的人。[2]

纵观全篇对话，苏格拉底自始至终谈论的都是说谎话者（pseudēs），而非谎言本身（pseudos）。苏格拉底在本质上是热爱真理的哲人，只有在追求真理的生活产生危险时，他才会使用"高贵的谎言"。但是，这绝不意味着谎言本身比真理更高贵，也不意味着有意的谎言比无意的谎言更高贵，参见《王制》535e。

1 是希琵阿斯而非苏格拉底，首先将双方争论的个别命题扩展为一个普遍命题，他不相信前者比后者更有道德（beltious），只是他并未发现，苏格拉底表达的其实是前者比后者更有知识（ameinous）。

2 "法律"（nomoi）首次在对话中出现，也是唯一一次在对话中出现。

希琵阿斯力图用"多数人"（ois pollē）和"法律"的权威来论证自己观点的正当性，这无异于打"政治正确"的牌，逼迫苏格拉底就范。

插曲二　乞援欧狄库斯

[题解] 在这段全篇第二长的发言中，苏格拉底一边呼吁欧狄库斯，请他督促希琵阿斯继续探讨"阿喀琉斯与奥德修斯谁更优秀"的问题，一边又强化自己的观点，把"奥德修斯比阿喀琉斯更优秀"这一个别命题扩展为"那些有意犯错的人要比无意这样做的人更优秀"这一普遍命题。

不过，为了降低希琵阿斯的怒气，苏格拉底把自己的诡辩论点归咎于自己中了邪，他把希琵阿斯看作灵魂的医师，请求他把自己从灵魂的无知状态中解救出来。

苏　[372b] 你发现了吗，希琵阿斯？当我说我在向那些聪明人提问时非常固执，我可不是在开玩笑。也许这是我唯一可取之处，其他方面完全不值一提。因为面对这些行为，我一窍不通，我不知道它们何以可能。这向我充分证明，[b5] 你们这些人才智出众，这一点全希腊人都有目共睹，无论我与你们中的哪一位打交道,我都会显得一无所知。因为我和你们没有一点看法相同,正如刚才[372c]所说。然而,比起一个人与聪明的男子汉们有天壤之别,还有什么更能证明一个人的无知呢?[1]

不过我有这么个令人惊异的好习惯拯救了我:因为我不以学习为耻,而是孜孜不倦地钻研和追问,我对给予我解答的人都十分感激,[c5]不忘对他们表示感谢。因为每当我学到什么知识,我从不否认,假装这些所学是我自己的发现;相反,我还要赞扬那位教导我的有智之士,承认我肚子里的那点货都是从他那里学来的。[2]

---

[1] 苏格拉底将自己与智术师及其所代表的多数人对立起来,承认自己的无知。他用这种反讽的方式避免了挑战者的形象,也避免了由此招致的敌意,从而把自己定位成一个请教者,更低的姿态更有利于向希琵阿斯发问。

[2] 苏格拉底从来不吝承认自己的师承,他在不同场合表示过,他从达蒙、普罗狄科、第俄提玛等人那里受益匪浅。这体现出哲人与智术师的一个重要区别:哲人是知识的热爱者和追求者,却并不执着于占有知识。智术师是知识的占有者,所以,当他们贩卖知识时,号称贩卖的是自己的占有物,而哲人既无"权利"也没必要贩卖知识。

实际上，［372d］你刚才所说的那些，我不仅不同意你，而且还强烈地反对。我很清楚这完全是因为我的缘故，因为我就是这么个人，绝不会说大话。因为对我来说，希琵阿斯啊，事实与你所说的完全相反：那些［d5］有意伤害他人、行不义、说谎话、搞欺骗、犯错误的那些人，总是比那些无意这样做的人更优秀。[1]

然而有时，在我看来，我又觉得反过来才是对的，我在这些事情中间犹豫，很明显，这是因为［372e］我的无知。[2] 可此时此刻，我就像中了邪，

---

[1] "强烈反对"说明，苏格拉底的立场变得更强硬了，但他心里很清楚，这是一个可怕的观点，他反对的不仅是希琵阿斯的个人立场，还包括整个社会的道德规范。

[2] "犹豫"（planōmai）缓和了苏格拉底的强硬立场。他谎称自己灵魂中了邪，需要希琵阿斯救治，使他从无知中解脱出来。这里的"无知"更像是在装样子，苏格拉底在故意说谎话，他不仅用言辞，更以自己的实际行动证明，有意说谎话的自己比无意这样做的希琵阿斯更优秀。

planōmai 本义指"漂泊、漫游"，漂泊者的典型非奥德修斯莫属，所以这个词亦可看作 polytropos［四处漂泊］的近义词。也就是说，苏格拉底的"犹豫"根本不同于阿

在我看来，那些有意犯错的人要比无意这样做的人更优秀。[1] 我把前面的论证归咎于如今的经验，[e5] 因而在此时此刻那些无意这样做的人比有意这样做的人更加无用。你就行行好，不要吝惜治疗我的灵魂。[373a] 因为你将为我干一件大好事，要是你使我的灵魂不再受无知的折磨，胜过使我的身体不再受疾病的折磨。[2]

喀琉斯的"犹豫"，它没有含混不清的地方，反而带有奥德修斯式的"诡计多端"，有利于他将自己的真实意图隐藏起来。

1　"中邪"（katēbolē）指一种周期性发作的热病，修昔底德在记录伯罗奔半岛战争第二年爆发的雅典瘟疫时，也用了这个词。这种热病不但给人带来生理性的创伤，还使人"不认识自己,不认识自己的朋友"，参见《伯罗奔半岛战争史》2.49.1。

没人能够战胜瘟疫，就连最聪明的雅典人伯里克勒斯也不例外，除了苏格拉底。苏格拉底在生死存亡之际当机立断，参加军队，奔赴前线，才逃此一劫，参见《卡尔米德》开场。

2　如今，苏格拉底的"热病"突然发作。不同的是，瘟疫的热病使身体痛苦，苏格拉底的热病则使灵魂痛苦。灵魂痛苦的根源是苏格拉底的无知，在两种相反的观点中如果你希望发表长篇大论，我先提醒你，那不会有疗效——因为我跟不上你的思路——可如果你愿意像刚才那样回答我，你将使我受益匪浅，[a5]我不认为你会吃亏。[1]

我要正当地请求你，阿佩曼托斯之子啊，因为是你鼓动我与希琵阿斯交谈的，现在，要是希琵阿斯不愿意回答我，你得替我去求求他。[2]

间举棋不定。他煞有介事地恳求希琵阿斯拯救他的灵魂，仿佛希琵阿斯是一位灵魂医师。可以推测，若要使苏格拉底的灵魂"免受折磨"，必须使他坚定某一立场，要么说服他，要么被他所说服。

1　苏格拉底再次提醒希琵阿斯，在接下来的讨论中采取对话而非演说的方式，因为他"跟不上演说的思路"。由于希琵阿斯有言在先，他不得不迁就苏格拉底，以对话的方式继续。

2　苏格拉底在三天前与希琵阿斯有过一次交锋，他很清楚他与希琵阿斯之间的分歧不可调和。因此，苏格拉底并不期待用这番长篇大论说服希琵阿斯，而指望通过某种外在的"强力"迫使希琵阿斯就范。

至此，苏希二人与开场相比发生了颠倒：苏格拉底在滔滔不绝地说，一言不发的换成了希琵阿斯，而欧狄库斯

欧　可是，苏格拉底啊，我不认为希琵阿斯[373b]需要我们去求他。因为他一开始就没这样说，而是说他不会逃避任何男子汉提出的问题。是不是这样，希琵阿斯啊？难道你不是这样说的吗？[1]

希　至少在我看来如此，可是，欧狄库斯啊，苏格拉底老是在[b5]论证中捣乱，似乎想要制造麻烦。[2]

从鼓动苏格拉底变成了鼓动希琵阿斯。

[1]　欧狄库斯的保证直译为"希琵阿斯会逃避无人（oudenos andros）的问题"，而希琵阿斯确实不是这样说的，他为自己设立了一个前提条件——"我若逃避苏格拉底的问题，无异于在做可怕的事情"（363d）。这提醒我们，如果苏格拉底是"无人"，希琵阿斯正在无意做可怕的事，而奥德修斯在刺瞎独眼巨人波吕斐摩斯时，撒谎说自己名叫"无人"（outis）。

[2]　希琵阿斯一方面承认他当初的承诺——回答任何人的任何问题，但另一方面，他又忍不住向欧狄库斯抱怨，苏格拉底在论证中并不配合他。问题在于，预言家从不会要求请愿人配合他，况且他们正在进行言辞竞赛。可见，希琵阿斯正在无意做"可怕的事情"——逃避苏格拉底的问题，参见363d。

苏　好希琵阿斯啊，至少我这样做不是有意的——因为这样一来，我岂不是既有智慧又厉害，根据你的论证——而是无意的，所以请原谅我，因为你说过，一个无意制造麻烦的人是可以得到原谅的。

欧　[373c] 那就别干其他事儿了，希琵阿斯啊，就算为了我们，也为了你刚才说过的话，你就回答苏格拉底向你提出的那些问题吧。[1]

[附释] 经过两个回合的较量，希琵阿斯已经从一位洋洋得意的胜利者变成了一个喋喋不休的抱怨者。伴随这一心理转变的，是他在立场上的节节败退。尽管他不同意苏格拉底前两个回合的观点，但他却无力在逻辑上反驳它们。面对苏格拉底发起的新挑战，碍于情面的希琵阿斯不得不在欧狄库斯的督促下重新出发，他还有招架之力吗？

1　欧狄库斯的再次登场预示着一个新的开端。对话伊始，欧狄库斯曾鼓励苏格拉底打破沉默，加入一场精神的奥林匹克竞赛；这一回，他鼓励的对象变成了希琵阿斯。他大方地应允苏格拉底的请求，迫使希琵阿斯正面回应苏格拉底的提问，使对话顺利进行下去。

第三回合　有意犯错的人更优秀

[题解] 第三回合完全进入了苏格拉底习惯的节奏，他一共用了四组例子证成他的观点：第一组，身体器官或知觉；第二组，工具；第三组，动物；第四组，人。

从人的身体能力，到无生命的器具，再到活的动物，最后扩展到人的各种技艺能力，苏格拉底的论证环环相扣，沿着这一脉络直抵人的灵魂，并指向那悖谬的结论：有意作恶和犯错的人比无意这样做的人更优秀。

希　我会回答的，既然你这样要求，[c5] 那你尽管问吧。

苏　希琵阿斯啊，我当然非常渴望研究刚才谈论的话题——到底哪一种人更优秀，是那些有意犯错的人，还是无意犯错的人？其实我认为，按以下方式，可以最正确地进入研究。所以请回答：你会称一个跑步者为好的吗?[1]

希　[373d] 至少我会。

苏　那也会称一个跑步者为坏的吗?

希　是的。

苏　跑得棒的人是好的,而跑得糟的人是坏的,难道不是吗?[2]

希　是的。

苏　跑得慢的人跑得糟,跑得快的人跑得棒,难道不是吗?

---

[1] 在得到希琵阿斯的保证之后,苏格拉底也缓和了自己的立场,他将"那些有意伤害他人、行不义、说谎话、搞欺骗、犯错误的人"简化成"有意犯错的人"。

苏格拉底从跑步开始第三回合的辩论。意愿是判断说谎行为的主要考虑因素,问题在于,意愿也是判断跑步行为的主要考虑因素吗?从希琵阿斯稍显勉强的回答来看,他无意区分二者。

[2] 这句话是同义反复,无非是用形容词的好(agathos)与坏(kakos)取代副词的好(eu)与坏(kakōs)。无论是形容词抑或副词,希腊文"好"都是一个十分含混的概念,在不同语境中可以分别表示"优秀的""勇敢的""善良的""能干的"。其反义词"坏"亦然。

希　是的。

苏　因此在比赛中，以及在跑步方面，跑得快就是好的，[d5] 而跑得慢就是坏的啰？[1]

希　难道还有其他可能吗？

苏　那么，哪一个才是更优秀的跑步者，有意跑得慢的那位，还是无意跑得慢的那位？[2]

希　有意的那位。[3]

---

[1]　苏格拉底不厌其烦地将含混的"好"与"坏"界定为精确的"快"与"慢"，这意味着"好"在论证中特指"能干的"，"坏"特指"无能的"。

[2]　有意跑得慢的人比无意跑得慢的人更优秀，有一个隐含的前提，即有意跑得慢的人本来可以跑得快，而无意跑得慢的人无论如何都不可能跑得快。这个前提不必然成立，以苏希二人都熟悉的荷马史诗为例，在纪念帕特罗克洛斯的葬礼竞赛上，小埃阿斯（Ajax of Oileus）在阿开奥斯人中最为敏捷，却在赛跑比赛中由于雅典娜的阻挠，突然滑倒。而滑倒并非出于小埃阿斯的意愿，而是来自雅典娜的干预，所以小埃阿斯被迫无意跑得慢，最终输给了奥德修斯，参见《伊利亚特》23.724—770。

[3]　希琵阿斯不假思索地同意，意味着他无意犯了一个逻辑谬误，这不但间接决定了后续举例的回答，而且还暗中表明，无意犯错的希琵阿斯不如有意犯错的苏格拉底优秀。

第三回合　有意犯错的人更优秀　　227

苏　跑步难道不是一种行为吗？

希　确实是一种行为。

苏　如果它是一种行为，难道不会产生某种效果吗？

希　[373e] 是的。

苏　那么跑得糟的人会在比赛中产生坏的和可耻的效果吗？

希　会产生坏的效果，怎么不可能？

苏　跑得慢的人就跑得糟？

希　是的。

苏　好的跑步者可以有意制造 [b5] 这种坏的并且可耻的效果，而坏的跑步者只能无意产生这种效果，难道不是吗？

希　至少看起来是如此。

苏　那么在比赛中，无意产生坏效果的人 [374a] 比有意产生坏效果的人更无用了？

希　至少在比赛中是这样。

苏　那在角力中如何？哪一个角力士更优秀，有意跌倒的那位呢，还是无意跌倒的那位？[1]

1　"好"的比较级有多种表达，"更优秀"（ameinōn）

希　好像是有意跌倒的那位。[1]

苏　[a5]那么，在角力比赛中，无用的、可耻的是跌倒的那位呢，还是把对手摔倒的那位？

希　跌倒的那位。

苏　所以在摔跤中也是一样，有意干无用的而且可耻的勾当的角力士比无意这样干的人更优秀。

希　看起来是。

苏　在身体的所有其他用处方面又是如何呢？身体更优秀的那位有能力在两方面都能产生更好的效果——无论是强壮的效果还是[374b]孱弱的效果，无论是可耻的效果还是高贵的效果；因此，若

偏向更有知识的那种好。苏格拉底没有选择更准确的"更强"（kreittōn），暗示他在有意犯错，参见本书第173页注释1。

[1] 在《伊利亚特》第23卷，奥德修斯不仅在赛跑中战胜了捷足的小埃阿斯，还在角力中与强壮的大埃阿斯打成平手。

希琵阿斯连续三次回答都显得犹豫、勉强。尽管他意识到苏格拉底的论断不对劲，但他却找不到反驳的漏洞，显然他的记忆术不足以帮助他想起《伊利亚特》中小埃阿斯的例子。

论在身体方面产生无用的效果，一个有意这样干的人在身体方面更优秀，无意这样干的人在身体方面更无用。

希　看起来，在事关强壮方面的效果也是这样。

苏　[b5] 在举止优雅得体方面呢，希琵阿斯？更优秀的身体特征是有意摆弄出可耻而无用的姿势，而无用的身体特征是无意这样摆弄，是吗？在你看来呢？

希　是这样。

苏　[374c] 至于在丑陋不雅方面，凡是有意的，都与德性有关，凡是无意的，则与身体的无用相关。[1]

1　苏格拉底的论断并不充分，无意摆弄丑陋的姿态并非全都与身体的无用相关。例如，奥德修斯归返故乡伊达卡时，雅典娜有意使奥德修斯变得丑陋。换言之，此时奥德修斯的丑陋是无意为之，参见《奥德赛》13.430-438。

希琵阿斯再次同意了苏格拉底的论断。他对"无意的"行为理解得如此狭隘，以至于他两次忽略了其中的神性因素，这让人怀疑，希琵阿斯的局限是否跟他以自然哲学为基础的知识背景有关。

希　看起来是。

苏　那声音方面你怎么说呢？你说哪一个更优秀，是有意唱跑调的那位呢，还是无意唱跑调的那位？

希　是有意唱跑调的那位。

苏　一个无意唱跑调的人是不是很恶劣？

希　[c5] 是的。

苏　你愿意选择拥有好的效果还是坏的效果？[1]

希　好的效果。

苏　那你愿意选择拥有哪一种，有意的跛脚还是无意的跛脚？[2]

希　[374d] 有意的。

苏　跛脚难道不是一种无用和丑陋不雅吗？

希　是的。

苏　那么，迟钝难道不正是眼睛的无用吗？

---

[1] 前面的例子都是在"好的"与"更好的"之间选择，苏格拉底在此突然让希琵阿斯在"好的"与"坏的"之间抉择。

[2] 跛脚延续了唱跑调的例子，是在"好"与"坏"之间对比。

希　是的。

苏　你愿意拥有哪一种眼睛，愿意与哪一种眼睛相处？[d5] 有意装作迟钝、斜眼的眼睛，还是那些无意这样做的眼睛？[1]

希　那些有意显得如此的眼睛。

苏　所以你已经相信你自己有意产生无用的效果，比无意产生的效果更优秀？

希　至少在这些事情方面确实如此。

苏　其实，所有的事物，诸如耳朵、鼻子、嘴巴以及所有这些感官，都包含在这一段论证里，那些无意 [374e] 产生坏效果的东西不值得拥有，因为它们无用，而那些有意产生坏效果的就值得拥有，因为它们是好的。[2]

1　一个人可以在乔装跛脚的意义上乔装成斜眼或眼神不好，但他却很难有意改变他自己的视力，这超出了他意愿的控制范围。

2　听觉、嗅觉和味觉的情形皆可类比视觉和跛足。但人的知觉与诸如赛跑、角力、唱歌等运用身体的技艺不同，前者更少受意愿左右。知觉活动既不像有意的行为，也不像无意的行为，更像是与意愿无关的行为。

希　至少在我看来是这样。

苏　那么在这一方面呢？哪一种工具更好，有人用起来可以有意产生坏效果的工具，还是那些无意产生坏效果的工具？就拿舵来说，是人们无意［e5］掌控得糟的舵更好呢，还是那个有意掌控得糟的舵？[1]

希　那个人们有意掌控得糟的舵更好。

苏　对于弓箭，以及类似的七弦琴、各种笛子甚至其他所有乐器，难道不是一回事吗？

希　［375a］你说得对。

苏　那么这一方面呢？若拥有一匹马的灵魂，是有意骑得糟的更优秀呢，还是无意骑得糟的更优秀？[2]

希　有意骑得糟的。

---

[1]　第二组例子在"使用"方面延续了第一组例子，只不过从使用自己的器官或知觉过渡到使用工具。苏格拉底一共列举了舵、弓箭、七弦琴、笛子四个例子，这四个例子分别暗示了航海、射箭、弦乐以及管乐四项技艺。

[2]　第三组例子在"工具"方面延续了第二组例子，马、狗等动物与舵相比，也可看作某种活的工具，其要点是引入了"灵魂"概念。

苏　所以也是更优秀的?

希　是的。

苏　那么，凭借着一匹马的更优秀的灵魂，[a5] 尽可以有意干这些对于灵魂无用的行为，可是凭借一匹无用之马的灵魂，就只能无意地这样做。

希　确实如此。

苏　那么狗以及其他所有动物的情形岂不相同喽?

希　是的。

苏　那么这种情况呢? 拥有哪一种弓箭手的灵魂更优秀，是拥有一个有意错失 [375b] 目标的灵魂呢，还是无意错失目标的灵魂?[1]

希　有意错失目标的灵魂。

苏　这一灵魂在射术方面岂不更优秀?

希　是的。

苏　因此一个无意犯错的灵魂比一个有意犯错的灵魂更无用啰?

希　至少在射术方面如此。

1　第四组例子在"灵魂"方面延续了第三组例子，从动物的灵魂过渡到工匠的灵魂。

苏　那医术呢？[b5] 如果有人有意在身体方面产生坏的效果，他是不是医术更佳呢？

希　是的。

苏　所以在这项技艺上，这一灵魂比不精通医术的灵魂更优秀？

希　是更优秀。

苏　那么这一方面呢？有一种［灵魂］更擅长弹奏竖琴、吹笛，以及其他所有类似的技艺［375c］和知识，有意产生坏的和可耻的效果并且犯错的［灵魂］是不是更优秀，无意这样做的［灵魂］更无用？

希　是显得［如此］。

苏　然而，我们或许更偏好拥有那些有意[c5]犯错、做坏事的奴隶的灵魂，而非无意这样做的那些灵魂，因为前者在这些事情方面更优秀。

希　是的。

苏　那这方面呢？难道我们不愿意我们自己拥有更优秀的［灵魂］吗？

希　[375d] 是的。

苏　那更优秀的人岂不将会是有意干坏事和犯错误的人，还是无意这样做的人？

希　不过这将成为一件可怕的事情，苏格拉底，如果那些有意行不义的人将要比那些无意这样做的人更优秀的话。[1]

苏　[d5]可他们确实显得如此，至少从谈论的内容来看。

希　至少我不这样认为。

[附释] 此次"可怕"，与希琵阿斯第一次直呼"可怕"遥相呼应。

希琵阿斯第一次谈及"可怕"时，设想的情形是逃避苏格拉底的问题。如果把"可怕的事情"看作坏事，那么希琵阿斯在第三回合的表现——回避苏格拉底得出的结论——相当于在无意做坏事。相比之下，苏格拉底则是有意做可怕的事，他在言辞竞赛中战胜了希琵阿斯，用行动证实了他的观点。

1　希琵阿斯第三次也是最后一次称苏格拉底的论点"很可怕"，但这"可怕的论点"至少部分来自希琵阿斯的片面理解：他将苏格拉底口中的"干坏事"和"犯错误"概括为"行不义"（adikountes）。

尾声 如果真有其人

[题解] 苏格拉底乘胜追击,最终在正义这个问题上得出了希琵阿斯不愿承认却又无法否认的结论。

苏格拉底本人也同意,这样的结论让人难以接受,所以他为该结论加上了一个前提——如果真有其人的话。这一前提的限定既是为了缓和结论令人反感的程度,也促使在场的欧狄库斯们思考:果真存在奥德修斯这样的人吗?

苏 但是我在想,希琵阿斯,你显得如此。请再回答一次:正义是某种能力,或是知识,或者两者皆是,难道不是吗?正义至少三者必然居其一,[375e] 难道不是吗?[1]

---

1 临近结尾,"正义"(dikaiosynē)才在对话中首次出现,主要是因为希琵阿斯把说谎和犯错问题上升为较为严重的不义问题。

希　是的。

苏　那么如果正义是灵魂的一种能力，岂不是越有能力的灵魂就越正义？因为这种类型的人无论如何都对我们显得更优秀，最优秀的人啊。[1]

希　是显得如此。

苏　可如果是知识呢？岂不是越聪明［e5］的灵魂就越正义，而越无知的灵魂就越不义？

［希　是的。］

苏　可如果两者加一块儿呢？岂不是一个同时拥有知识和力量的［灵魂］更正义，而无知的［灵魂］更不义？难道不必然是这样吗？

希　是显得如此。

能力生而有之，知识需后天学习。正义一方面源于人的正义感，另一方面，人类事务极为复杂，仅仅凭靠正义感，难以断定孰是孰非，因而需要正义的知识。

[1]　希琵阿斯仅仅承认正义"三者必然居其一"，苏格拉底擅自将正义视为能力。苏格拉底"越有能力越正义"的说法不禁令人想起《王制》中，忒拉叙马霍斯"正义是强者的利益"的说法。苏忒皆认可知识的力量，但他们对"什么是利益"或"什么是好"的看法存在分歧。

苏 更有能力和更聪明的［灵魂］岂非都显得更优秀，[e10] 不管是在 [376a] 高贵的行为方面还是在可耻的行为方面，关于所有的行为？

希 是的。

苏 所以，就算产生了可耻的效果，也是凭借一种能力和技艺有意产生的；而这些效果显得是正义的，不管是二者一起抑或其中之一。

希 看起来是如此。

苏 那么，至少 [a5] 行不义是做坏事，而不行不义是做高贵之事。

希 是的。

苏 难道更有能力而且更优秀的灵魂，无论何时只要他在行不义，不会有意行不义吗，而更无用的灵魂将无意这样做？

希 显得是如此。

苏 [376b] 好的男子汉具有好的灵魂，坏的男子汉具有坏的灵魂，难道不是吗？

希 是的。

苏 那么一个好的男子汉的特征就是有意行不义，而坏的男子汉的特征就是无意行不义，如果好的男子汉真的拥有一个好灵魂的话。

希　肯定有。

苏　那个有意[b5]犯错,做可耻、不义之举的人,希琵阿斯,如果真有其人的话,他不是别的,只会是好人。1

希　我不同意你,苏格拉底,在这些方面。2

苏　我自己都不同意我自己,希琵阿斯。可无论如何必然如此,[376c]至少现在从这一论证来看确实显得是这样。然而,正如我方才所说,关于这些事情,我是七上八下、犹豫不决,在我看来没有任何事物曾是这样。我或者别的哪个人犹豫,本不值得大惊小怪。可如果连你们这些聪明人也犹豫,

---

1　真有这样的人吗?至少希琵阿斯接受不了。希琵阿斯忘了他是在代表荷马作答。荷马塑造的这位奥德修斯,不仅通过诡计多端的木马计赢得了特洛亚战争,而且靠着诡计多端历尽艰险,回到了家乡伊达卡。奥德修斯正是这位"有意犯错,做可耻、不义之举的好人",而为奥德修斯辩护同时也在模仿奥德修斯的苏格拉底,也是这样一位好人。

2　希琵阿斯自始至终从未动摇自己的立场,这证明他并不是一个轻易被说服的人,其信念的根基不在知识上,而更有可能在法律或多数人的意见上。

[c5] 这对我们来说就太可怕了,假如我们在遇见你之后,依然无法摆脱犹豫[的话]。[1]

[附释] 对话结束时,希琵阿斯并未成功治愈苏格拉底灵魂的热病,苏格拉底再次陷入犹豫之中,他直呼"太可怕了"。反过来,苏格拉底也未能说服希琵阿斯。

但是,苏格拉底成功地在欧狄库斯这群热爱哲学的年轻人面前证明,即便遇上了希琵阿斯这类聪明人,也不见得是一种福分,因为希琵阿斯分辨不出阿喀琉斯与奥德修斯谁更优秀,谁的生活更值得过。

---

1 苏格拉底终于像希琵阿斯那样谈及"可怕"。对他而言,"可怕"具体指心里"七上八下,犹豫不决"。苏格拉底的最后一段话连续使用四次"犹豫",为的是否认刚得出的惊骇结论,将自己灵魂的坚定隐藏起来,以免引起多数人的谴责以及法律的惩罚。苏格拉底的"犹豫"体现出哲人的审慎,他虽未说服立场同样坚定的希琵阿斯,但他有意说假话的行为,可以帮助欧狄库斯等青年在追求名利的道路上变得犹豫,使其从这种世俗的渴望中冷静下来,关心自己的生活,参见《王制》620c。

端坐一旁的欧狄库斯虽然不再发言,但他至少应该明白,若仅凭一腔热情追随希琵阿斯,以为从此可以从灵魂的热病中解脱出来,那这简直"太可怕了"……

图书在版编目（CIP）数据

希琵阿斯/（古希腊）柏拉图著；王江涛译注. -- 北京：华夏出版社有限公司，2022.6
（阅读柏拉图）
ISBN 978-7-5222-0319-5

I.①希… II.①柏…②王… III.①古希腊罗马哲学 IV.①B502.232

中国版本图书馆CIP数据核字(2022)第049077号

希琵阿斯

作　　者	[古希腊]柏拉图
译　　注	王江涛
责任编辑	刘雨潇
美术编辑	李媛格
责任印制	刘　洋
出版发行	华夏出版社有限公司
经　　销	新华书店
印　　装	北京汇林印务有限公司
版　　次	2022年6月北京第1版 2022年6月北京第1次印刷
开　　本	787×1092　1/32
印　　张	8
字　　数	119千字
定　　价	59.00元

华夏出版社有限公司　　地址：北京市东直门外香河园北里4号
邮编：100028　　网址：www.hxph.com.cn　　电话：(010)64663331(转)
若发现本版图书有印装质量问题，请与我社营销中心联系调换。